中间品进口与企业异质性研究

——基于中国制造业企业的研究

INTERMEDIATE INPUT IMPORTS
AND ENTERPRISES' HETEROGENEITY

—— BASED ON CHINESE
MANUFACTURING ENTERPRISES

林正静　著

社会科学文献出版社
SOCIAL SCIENCES ACADEMIC PRESS (CHINA)

前　言

Hottman 等（2016）将企业异质性归纳为生产效率（成本）、产品质量、加成率和产品范围（多元化），并从这四个方面定量分析了企业异质性的来源。受到数据和研究方法的约束，本书将选择企业全要素生产率、加成率以及产品质量这三个方面对企业异质性进行研究。

随着世界经济一体化的发展，基于产品内的国际分工也日渐深化，中国作为世界加工厂，积极加入了全球的生产分工体系。2010 年和 2013 年，中国相继成为世界第一制造业大国和第一大货物贸易国，2017 年中国又成为世界第一大贸易国。与此同时，中国的进口贸易也出现了跳跃式增长。目前，中国已跻身世界上主要的进口贸易国之列，2010～2019 年，中国进口在世界排名始终位居第二，而且中国的进口贸易是以中间投入品的进口为主。然而，中国对外贸易的高速增长并不必然意味着高质量、高效益的增长，在世界经济的排名中，中国企业的竞争力并没有位居前列。在中国的工业生产和对外贸易中，制造业的生产和出口占据了很高的份额，因此中国制造业亟待通过产品质量提升和企业效益提高等途径进行转型升级，提升企业竞争力，以更好地融入全球价值链生产。本书将基于异质性企业贸易理论的框架，在现有的国内外文献研究基础上，选择企业全要素生产率、企业成本加成（或加成率）和企业出口产品质量这三个方面进行研究，试图系统考察中间品贸易自由化、中间品进口对中国制造业企业异质性的影响。

本书共由七章构成。第一章为文献综述，系统回溯和梳理了有关中间品贸易自由化、中间品进口、企业成本加成和出口产品质量等企业绩效的国内外的重要文献，对中间品贸易与企业异质性相关研究进行总结和述评。第二至六章为本书的重点部分：第二章是本书的理论基础，主要介绍了异质性企业贸易理论及其研究拓展，并构建了一个包含中间品进口生产函数的理论框架；第三章为核心变量全要素生产率、成本加成（或加成率）和出口产品质量的测算与分析，主要介绍了三个变量的测度方法，并对测算结果进行了分析，具体包括用中国工业企业数据库测算企业全要素生产率和加成率，用海关贸易数据测算企业出口产品质量；第四章基于2000~2006年中国工业企业数据和海关贸易数据，采用多种方法实证检验了进口中间品质量对企业全要素生产率的影响及其异质性表现；第五章基于产品差异化程度的视角考察了中间品进口与企业成本加成的关系，首先提炼了企业成本加成的典型事实并建立了研究假说，然后采用2000~2006年的工业企业数、海关贸易数据和产品差异化程度的匹配数据进行了实证检验；第六章考察了中间品贸易自由化对企业出口产品质量的影响，基于中国加入WTO这一准自然实验，采用双重差分法有效识别中间品贸易自由化对企业出口产品质量的影响效应，并通过建立中介效应模型分析了中间品贸易自由化影响企业出口产品质量的作用机制。第七章是对全书的研究结论进行概括，并据此得出相应的政策启示，最后指出了未来研究拓展的方向。

通过实证分析以及多种计量方法的综合运用，本书得到的结论主要有以下三点。

第一，进口中间品质量的提高显著促进了企业生产率的提升。异质性分析的结果表明，进口中间品质量对加工贸易企业、外资企业的生产率提升作用显著大于其他贸易方式和所有制类型的企业；不管企业是从非OECD国家进口，还是从OECD国家进口，中间品质量的提升都可促进企业生产率的提高；相比高质量的进口中间品，低质量的进口中间品不能提高企业的生产率。进一步的分位数回归结果表明，相比高生产率企业，低生产率企业能够从进口中间品中获益更多，全面提高进口中间品质量可以自动地缩小企业间生产率水平的差距。

第二，中间品进口对企业成本加成的提升有显著的促进作用，尤其对产品差异化程度较大的企业的成本加成的提升作用更大。进一步考虑市场集中度的作用，研究发现，市场集中度强化了进口中间品对产品差异化程度较大的企业成本加成的提升作用，但是回归结果的系数较小，可能是因为企业的研发投入不足、技术转化效率较低等。最后，分位数回归结果显示，对于初始成本加成较高的企业，中间品进口对企业成本加成的提升作用更大。

第三，中间品贸易自由化有利于促进企业出口产品质量升级。异质性分析表明，与较高生产率企业相比，较低生产率企业的出口产品质量提升幅度较大，获利较多；中间品贸易自由化有利于减小融资约束对企业出口产品质量的影响，融资约束程度越低的企业出口产品质量的提升幅度越大。本书进行了平行趋势假设、两期双重差分法以及 PSM + DID 等一系列稳健性检验，研究结论依然成立。此外，本书通过构建中介效应模型进行机制分析，结果发现，进口中间品种类增加和中间品质量提升是中间品贸易自由化影响企业出口产品质量的两个作用渠道。

目　录

文献综述

　　20 世纪 60 年代，虽然中间品的内涵还没有准确的定义，但是有效保护率理论已经注意到了中间品的重要影响。Corden（1966）的理论研究表明，在经济全球化的背景下，大量中间产品的进口会增加最终产品进口关税的有效保护率。到了 70 年代，学者们开始引入中间品的概念。Krugman（1979）的研究发现，进口的中间投入品含有国外研发的先进技术，在使用过程中会产生技术溢出效应，进而使企业获得比使用本国中间品更高的经济效益。中间品贸易作为一个专业名称，被正式提出则始于 Ethier（1982）。然而，当时的中间品贸易主要是指发达国家之间产生的横向的产业内贸易。随着国际贸易的发展，垂直的中间产品贸易（生产环节不同的中间品）引起了学者们的广泛关注，进而成为当今全球贸易发展的主流。从此，越来越多的学者开始研究中间品贸易。初期，学者们大都基于比较优势理论来解释中间品贸易产生的原因，比如由于不同国家（地区）生产技术的相对差异而产生了生产成本的差异，进而出现了生产分割和分工，中间品贸易就随之诞生了。

　　近年来，关于异质性企业贸易和经济增长理论的研究分别从四个方面分析了企业的异质性，即生产率（或边际成本）、产品质量（或吸引力）、加成率和产品范围（或产品种类）（Melitz，2003；Manova and Zhang，2012；Feenstra，2014）。

　　Melitz（2003）将企业异质性引入国际贸易理论模型中，以全要素生产率的差异来刻画企业的异质性，探讨了企业全要素生产率与出口的选择问题，形成了异质性企业贸易理论的框架，奠定了新新贸易理论的基础。Melitz 和 Ottaviano（2008）采用拟线性效用函数内生化企业的成本加成来分析贸易自由化带来的竞争效应，其模型下文简称 MO 模型。随后，分析生产率和出口行为对企业加成率的影响机制的研究快速发展起来，并成为当前新新贸易理论的热点。同时，内生经济增长同样强调了产品质量在经济增长中的重要性，认为随着低质量产品持续被高质量产品替代，经济的持续增长同样会实现（Romer，1990；Grossman and Helpman，1991；Aghion and Howitt，1992）。Redding 和 Weinstein（2018）通过建立包含产品质量和产品种类的理论模型，分析了价格指数的决定机制，为考察贸易现象打开了一个新的视角。总之，从企业异质性理论和内生经济增长来看，生产率、加成率和产品质量作为刻画企业异质性的主要指标，三者均可通过技术进步和创新的途径对经济增长产生促进作用，在国际贸易和经济增长中扮演着重要角色。

第一节　中间品贸易自由化相关研究

随着全球中间品贸易规模的不断扩大，学者们开始变换不同的专业名称来分析这一现象，如产品内分工（Arndt，1997；卢锋，2004）、垂直专业化（Hummels et al.，2001）、全球生产共享（Feenstra and Hanson，2003）、全球生产网络（Ernst and Kim，2002）等。术语的多样化反映了国内外学者对中间品贸易研究的重视程度，中间品贸易问题已然成为学界关注的热点。国内外学者对中间品贸易的界定、中间品贸易产生的原因、影响中间品贸易的因素以及中间品贸易的福利表现等方面进行了理论和经验方面的探讨。

一　中间品贸易的界定

中间品概念的提出始于 20 世纪 80 年代，由 Sanyal 和 Jones（1982）最早提出，他们指出一些劳动力和自然资源产品是最终品生产过程中的必需品，被称为中间品，这是一个狭义的概念。后来，Jones 和 Kierz-kowski（1988）在国际生产分割理论中提出，中间品是指位于生产链的前端和中端，且服务于最终品生产的一系列生产资料。Grossman 和 Helpman（1991）基于垂直化专业分工的角度提出，中间品是指从国外进口的中间投入品，在本土进行再加工后以最终成品的方式出口的产品。Feenstra 和 Hanson（1996）从输出的角度提出了类似的中间品概念，并于 1999 年进一步将中间品分为非熟练劳动型产品、熟练劳动型产品和最终成品。国内学者戴臻（2010）的研究总结了中间品具备的三个特征：一是使用原材料和劳动力生产；二是能在世界市场上进行交易，但不能直接消费；三是其作用是生产最终产品。

综上所述，从广义上来讲，中间投入品包含四类：①初级中间品，即生产加工过程中使用的原材料，比如铁矿石和石油等；②半成品，即经过初级加工并继续投入生产的阶段性在产品；③生产过程中使用的零部件；④生产过程中需要用到的服务，比如运输、金融服务等。

二 中间品贸易的统计标准

关于中间品的统计方法，学者们常用的主要有两类方法。一是狭义的方法，即根据国际贸易标准分类（Standard International Trade Classification，SITC），将名称为零件和部件的产品的贸易额进行加总，作为中间品贸易额。这种方法操作起来比较简单，但是统计的中间品种类较少，容易造成对中间品贸易额统计量的低估。二是联合国广义经济分类法（Classification by Broad Economic Categories，BEC），其具体做法是按照贸易商品的主要最终用途或经济类别对国际贸易 SITC 数据的基本项目编号进行综合汇总，按照最终用途将产品分为三个基本的货物门类，即资本品、中间品和消费品。基于数据的特征和本书的研究目的，本书将采用 BEC 方法来统计中间品贸易。BEC 分类采用 3 位数编码结构，遵循已有文献的做法，BEC 编码为"111""121""21""22""31""322""42""53"的 8 类产品是本书要研究的中间品。本书将 BEC 编码和 HS 6

编码进行匹配①，进而识别每个企业进口的中间品（见表 1-1）。

表 1-1　BEC 分类的中间投入品介绍

产品类型	编码	产品种类
初级产品	111	食品和饮料（未加工）
	21	工业用品（未加工）
	31	燃料和润滑剂（未加工）
半成品	121	食品和饮料（初级加工）
	22	工业用品（初级加工）
	322	燃料和润滑剂（初级加工）
零部件	42	资本货物（运输设备除外）零部件
	53	运输设备零部件

三　中间品贸易的理论研究

有关中间品贸易的理论研究可以追溯至新古典贸易理论，其中，比较优势理论为中间品贸易产生的缘由提供了理论依据。随着经济一体化和国际贸易的发展，新古典贸易理论已经不能解释一些新的国际贸易现象和事实，因此产生了新贸易理论和新新贸易理论。以 Krugman（1979，1980）为代表的新贸易理论通过构建一般均衡的理论模型，分析得出生产分工可以带来规模经济和产业集聚，一方面对国际贸易的产业内分工的新现象进行了解释，另一方面深入到产业层面对中间品贸易产生的原因进行了分析。20 世纪 90 年代以来，随着国际分工的深化和经济全球化的发展，国际贸易的研究对象从产业层面深入到企业层面。同时，由于微观企业数据的可获得性逐渐增强，学者们对企业层面的理论和实证研究也越来越丰富。基于企业的大量研究发现，出口企业与非出口企业在诸多方面表现出明显的异质性（Bernard and Jensen，1999；Bernard

---

① 由于 HS 编码有多个不同的版本，包括 HS 1996 和 HS 2002 等，本章的处理方法是将 2003～2006 年的贸易数据转换为 HS 1996 编码，再与 BEC 编码进行匹配，BEC 和 HS 6 编码的匹配表来源于联合国统计数据库。

and Wagner，2001）。于是，以 Melitz（2003）为代表的新新贸易理论诞生了。近年来，随着中间品贸易规模的日渐扩大，很多学者基于 Melitz（2003）的异质性企业贸易理论，从微观企业层面探讨了中间品贸易产生的原因，并就中间品贸易对企业生产和出口等方面的影响展开了深入的分析。

Deardorff（2010）、Markusen 和 Maskus（2002）通过构建理论模型，分别从生产技术发展和生产成本降低的角度解释了国际生产分割产生的原因，并在此基础上阐述了中间品贸易的产生机理。这一时期的研究，主要是对比较优势理论的继承和发展。这种垂直化专业分工，使很多国家参与到国际生产网络中来，大幅度地提高了对外贸易中中间品贸易的占比。

Jones 和 Kierzkowski（1988）通过发展李嘉图和赫克歇尔 - 俄林的理论模型来阐述国际生产分割的由来，并基于生产分割的角度，分析中间品贸易的产生原因及其带来的福利水平的改善。假设产品生产链上的每个环节和服务都是一个独立的企业，而且最终品的生产依赖市场上的中间投入品。当一个国家在生产的某一阶段上不具有比较优势时，它则会将该生产环节拆分，放置在国外生产，这样就可以提高生产效率。在这个过程中，就产生了中间品贸易，而且通过这种中间品贸易，更多的发展中国家加入国际生产和分工中来，进而提高了这些国家的福利水平。Jones 和 Kierzkowski（2001a，2001b）对上述模型进行扩展，基于垂直分工的角度，并结合比较优势和规模报酬递增的特点，更深入分析了中间品贸易产生的原因。他们的研究表明，生产技术水平的进步、通信技术的发展以及贸易自由化带来的东道国和投资国的贸易壁垒下降都可以引起中间品贸易规模的扩大。

Deardorff（2001）基于服务贸易自由化的视角，研究生产分割和贸易自由化对中间品贸易的影响。研究结果表明，生产过程被分割得越多，则随之产生的服务贸易和生产环节就越多，因此，贸易自由化的影响效应即中间品贸易增长幅度也就越大。然而，在之后的贸易自由化过程中，出现了中间品贸易的跳跃式增长，即关税下降幅度很小，但是中间品贸易却呈现持续大幅度的增长，之前的贸易理论无法对这一现象进行解释。为了解释这一现象，Yi（2003）建立了动态的李嘉图模型。模型中既保持了李嘉图的比较优势理论，又通过引入中间品将生产过程动态化。该模型将生产过程分成三个阶段，上一阶段的产品是下一阶段生产的中间投入品且可以进行贸易，但是最后一阶段的产品就不能贸易而只能用于本国消费。当存在贸易壁垒时，就会造成包含中间品贸易的跨国生产的成本增加，因此有些生产环节由于不能支付这个固定成本而不能进行跨国生产，故中间品贸易就会减少；反之，当贸易自由化引起关税下降时，由于生产过程被分割了，所以会引起中间品贸易次数的大幅增加，进而带来了中间品贸易相对关税下降幅度来说较大程度的增长。

由于生产分工的深化和中间品贸易的发展，跨国企业的对外直接投资业务也快速发展起来，进一步带动了中间品贸易的增长。Bergstrand和 Egger（2013）通过构建一个包括三个国家、三种投入要素和三种产品并引入对外直接投资的理论模型，分析了中间品、最终品和对外直接投资三者之间的关系。在该模型中，资本是可以流动的，而劳动力是不可以流动的，因此跨国公司可以通过对外直接投资将某些生产环节分割到其他国家进行生产。该模型的创新之处在于将投资区分为横向投资和纵向投资，其区别在于是否掌握生产的核心技术。横向投资将除核心生产以外的其他环节分割到其他具有比较优势的国家进行生产，而纵向投资则仅仅是基于生产成本的角度选择使生产成本最小的方式进行投资（王维薇，2014）。该模型的研究结果表明，当两个国家的经济规模相差不大时，中间品贸易的规模就会比较大，因此该模型的研究结果有助于解释发达国家之间存在的大量中间品贸易。

四　中间品贸易自由化对企业异质性的影响

1. 中间品贸易自由化对企业生产率的影响

Grossman 和 Helpman（1991）基于宏观层面的理论研究表明，中间品贸易自由化促进了企业生产率的提升。与之相对应，Schor（2004）

则利用巴西的微观数据在经验上进行了证实。Amiti 和 Konings（2007）采用印度尼西亚的微观企业数据考察关税下降与企业生产率之间的关系，结果发现，出口关税降低 10% 则使企业的生产率增加 1%，而进口关税降低 10% 却可以使企业的生产率增加 3%。Yu（2015）以及毛其淋和许家云（2015）基于中国微观数据的研究表明，中间品贸易自由化显著提高了企业的生产率。

2. 中间品贸易自由化对企业加成率的影响

De Loecker 等（2016）利用印度的微观数据测算了产品层面的加成率，在此基础上进一步检验了中间品贸易自由化对企业加成率提升的积极影响。基于中国制造业企业数据的研究也得到了相似的结论（Brandt et al.，2017；毛其淋、许家云，2017；耿晔强、狄媛，2017；祝树金等，2018）。

此外，还有学者从企业出口、企业创新、企业研发等视角探究中间品贸易自由化对企业绩效的影响（Teshima，2010；Bas，2012；田巍、余淼杰，2014）。

第二节　中间品进口与企业生产率异质性的研究

有关中间品进口对企业绩效的研究中，中间品进口对企业生产率的影响的文献居多。这部分文献的理论基础是新经济增长理论（Romer，1990；Grossman and Helpman，1991；Aghion and Howitt，1992），其研究视角定位于宏观层面，探究中间品进口对企业生产率的影响。除此之外，随着微观企业数据可获得性的增强，还有大量文献从微观层面研究中间品进口对企业全要素生产率的影响效应及其影响机制。

一　中间品进口对企业生产率产生的影响

Amiti 和 Konings（2007）采用印度尼西亚的微观企业数据考察关税下降与企业生产率之间的关系，结果发现，进口关税降低 10% 可以使企业的生产率增加 3%，尤其需要特别说明的是，进口中间品的企业的生产率居然可增加 11%；Kasahara 和 Rodrigue（2008）的实证研究表明，中间品进口促进企业全要素生产率的提升；进一步地，Altomonte 和 Pennings（2008）为了从更深层次探究中间品进口与企业生产率的关系，将进口中间品分为本行业中间品和上游行业中间品，研究发现，上游行业中间品进口对企业生产率的提升作用显著大于本行业中间品进口对企业生产率的影响；Damijan 和 Kostevc（2010）基于西班牙的微观企业数据，研究进口对企业创新及出口的影响，研究发现，进口可以提升企业的生产率，并提高企业的研发和创新能力，进而促进企业的出口；Halpern 等（2015）使用 1993～2002 年匈牙利企业的数据考察贸易自由化对企业生产率的影响，研究结果表明，匈牙利企业生产率增长的 1/4 归因于中间品进口的作用。综上所述，现有文献的研究表明，中间品进口与企业生产率之间有显著的正相关关系。

二 中间品进口影响企业生产率的途径和机制

据现有的研究结果，中间品进口影响企业生产率的途径和机制，归纳起来主要包括以下三个方面。一是水平效应或产品种类效应，即通过进口贸易，企业可以使用更多种类的中间投入品，从而促进企业全要素生产率的提升（Grossman and Helpman，1991；Coe and Helpman，1995；Amiti and Konings，2007；Mendoza，2010；Brandt et al.，2017；钱学锋等，2011）。二是垂直效应或产品质量效应，即企业进口的中间品是外国企业的 R&D 投入、新知识和高技术水平的载体，有着更高的质量水平（Blalock and Veloso，2007）。对于发展中国家来说，企业对高质量中间产品的需求难以在国内得到满足，而进口高质量的中间产品可以弥补这一不足，进而提高企业的全要素生产率（张杰等，2015a）。三是技术溢出效应。已有文献分别从理论和实证方面证实了国际贸易可以产生技术溢出效应（Romer，1990；Connolly，2003），而进口贸易也占据了国际贸易的半壁江山，所以，企业也可以通过进口中间品的技术溢出效应来改进生产技术，进而提高企业的生产效率。

三　国内关于中间品进口与企业生产率的相关研究

钱学锋等（2011）的研究表明，进口更多种类的中间投入品有利于促进企业全要素生产率的提高，而张翊等（2015）使用中国数据考察了进口中间品影响全要素生产率的机制，结果表明，中国中间品进口的种类和数量效应并不显著，导致两者研究结论相悖的原因可能是行业的异质性；进一步地，余淼杰和李晋（2015）基于中国工业数据库和海关贸易数据库以及产品差异化程度数据的研究发现，进口的技术溢出效应对于差异化程度较大的行业的生产率的提升作用更重要。此外，张杰等（2015a）使用中国企业层面的数据分析发现，中间品进口规模与企业生产率之间具有显著正相关关系；魏浩等（2017）、陈平和郭敏平（2020）从进口中间品的来源地结构的角度分析了中间品进口对企业全要素生产率的影响，他们的研究结果基本支持了中间品进口有利于提升企业生产率水平的结论。谢谦等（2021）分别从理论和实证的角度研究了进口中间品内嵌技术对企业生产率的影响及其影响机制。

此外，还有学者从企业创新（Teshima，2010）、产品质量（Bas and Strauss‐Kahn，2015；Fan et al.，2015）等视角探究了中间品进口对企业绩效的影响。国内的研究发现中国企业存在相似的现象，一方面中间品进口可以显著提升企业的生产率水平（陈勇兵等，2012；张翊等，2015；张杰等，2015a；魏浩等，2017）；另一方面中间品进口促进了中国企业的出口行为（Feng et al.，2012；田巍、余淼杰，2013；张杰等，2014）。

第三节　企业成本加成及出口产品质量的相关研究

根据 Hottman 等（2016）的研究，企业异质性的来源包括生产率、产品质量、成本加成和产品范围（多元化）四个方面。成本加成或加成率，是指企业制定的价格与其边际成本之间的比值（Krugman，

1979；Melitz and Ottaviano，2008）。成本加成既反映了企业的市场势力，也可以衡量企业的利润率，进而反映企业的动态竞争能力。当前大量文献探讨了企业成本加成的核算方法、影响因素以及贸易与企业成本加成之间的关系等。而随着产品层面微观数据可获取性的增强，产品质量的异质性逐渐受到学界重视，如 Hallak 和 Sivadasan（2009）构建了一个产品质量的异质性企业贸易模型。随之，围绕出口产品质量测算方法及其影响因素等，学者们开展了大量的研究。

一 企业成本加成的相关研究

1. 成本加成的内涵

成本加成或加成率（Markup），是指企业制定的价格与其边际成本之间的比值（Krugman，1979；Melitz and Ottaviano，2008）。成本加成是产业经济学和微观经济学中的一个非常重要的概念，它既可以反映市场的竞争程度、企业的市场势力，又可以揭示行业内超额生产容量存在的程度（祝树金、张鹏辉，2015）。此外，成本加成的高低还可以度量企业将价格维持在边际成本上的能力，能否保持较高的成本加成是衡量企业动态竞争能力的指标之一（任曙明、张静，2013；毛其淋、许家云，2017）。

2. 企业成本加成的相关研究

（1）探讨国际贸易对企业成本加成的影响

首先，新贸易理论通过建立国际贸易与企业成本加成之间关系的理论模型，研究发现，由于竞争效应的存在，贸易自由化降低了行业的成本加成（Krugman，1979）。其次，新新贸易理论的奠基者 Melitz（2003）从企业异质性角度拓展贸易模型，但是由于 CES 偏好这一假设条件的局限性，其一般均衡模型的结果并不能反映企业间成本加成的异质性。然而，Bernard 等（2003）基于不完全竞争模型的分析框架，探究了企业的生产效率和企业成本加成及其出口之间的关系，研究发现，生产效率较高的企业有能力制定更高的成本加成并出口，但并未分析影响企业成本加成的因素。再次，Melitz 和 Ottaviano（2008）采用拟线性效用函数内生化企业的成本加成，分析了贸易自由化带来的促进竞争效应。模型推导得出，企业成本加成等于临界成本与企业边际成本的差额，并进一步研究发现，企业成本加成与企业生产率之间呈正向关系，而且出口企业的成本加成显著高于非出口企业。最后，Feenstra（2010）在垄断竞争模型的分析框架下，采用超越对数生产函数来测量贸易自由化对内生可变成本加成的影响及福利效应。此外，还有文献从出口产品质量（Kugler and Verhoogen，2012）、要素市场摩擦（Cosar et al.，2016）等视角分析出口企业的成本加成显著高于非出口企业的原因。

以上文献是关于贸易与企业成本加成之间关系的理论模型的分析，相应的经验研究直到 De Loecker 和 Warzynski（2012）提出用生产法测算企业成本加成之后才得以逐渐展开。De Loecker 和 Warzynski（2012）基于 1994～2000 年斯洛文尼亚制造业企业的微观数据测算了企业的成本加成，并发现出口企业的成本加成显著高于非出口企业，且随其进入出口市场而提高，随其退出出口市场而降低。Bellone 等（2016）运用法国工业企业数据，验证了 MO 模型的结论，研究发现，出口行为促进了企业成本加成的提升。Brandt 等（2017）基于中国微观企业数据的研究发现，进口关税下降导致企业成本加成上升，而出口关税下降导致企业成本加成下降。

（2）有关中国行业或企业成本加成的研究

国内有关企业成本加成的研究始于孙辉煌（2008）探讨进口贸易竞争对中国制造行业成本加成的影响；之后，盛丹和王永进（2012）以及盛丹（2013）从企业成本加成的角度分别考察了中国企业出口价格过低的现象和国有企业改制对社会福利的影响。随着企业成本加成测算方法的完善，对成本加成的研究也越来越深入，其中包括出口与企业成本加成的关系（祝树金、张鹏辉，2015；刘啟仁、黄建忠，2015），以及影响行业或企业成本加成的因素，如产业聚集（Lu et al.，2014）、产品质量（黄先海等，2016a）、创新（刘啟仁、黄建忠，2016）、贸易自由化（余淼杰、袁东，2016；耿晔强、狄媛，2017）、补贴（任曙明、张静，2013）和出口退税（钱学锋等，2015）、全球价值链嵌入（盛斌、陈帅，2017）、对外直接投资（毛其淋、许家云，2016b）以及汇率（盛丹、刘竹青，2017）等。与本书研究最相关的文献是关于进口和中间品进口对企业成本加成的影响，其中，钱学锋等（2016a）基于中国微观数据的研究发现，进口竞争对中国制造业企业的成本加成有显著负向影响，但在长期内将逐渐消失；黄先海等（2016b）从企业全球价值链地位的视角研究发现，中国中间品进口企业加成率低于非进口企业；毛其淋和许家云（2017）以及彭冬冬和刘景卿（2017）采用倍差法的研究都表明，中间品贸易自由化显著提升了企业的成本加成。耿伟和王亥园（2019）将制造业投入服务化纳入扩展的 MO 模型，分析了制造业投入服务化对出口企业加成率的影响及其作用机制，研究发现，制造业投入服务化水平的提高通过促进产品质量升级来提升出口企业加成率。陈昊等（2020）从理论和实证的角度分别对中间品进口来源地结构对企业成本加成的影响进行了分析，研究发现，进口来源地集中化有利于提升企业的成本加成。

国内对企业成本加成的研究已经非常丰富，但都没有从产品差异化程度的视角来探究进口中间品对企业成本加成的影响。

二 企业出口产品质量的相关研究

1. 关于产品质量的测算

早期学者们多以产品价格衡量产品质量（Schott，2004；Hummels and Klenow，2005；李坤望等，2014），由于产品价格不是由产品质量唯一决定的，所以该测算方法略显不足。近年来，产品质量的测算方法不断精进。比较典型的测算方法包括从产品价格中分离出产品质量（Feenstra and Romalis，2014；余淼杰、张睿，2017a），采用事后反推法测算出口产品质量（Hallak and Schott，2011；Khandelwal et al.，2013；施炳展、邵文波，2014）。

2. 影响出口产品质量的因素

Amiti 和 Khandelwal（2013）的研究表明，进口竞争效应能促进企业产品质量升级；樊海潮和郭光远（2015）基于中国的微观数据考察了出口产品质量和生产率之间的关系，研究发现，企业的生产率和出口产品质量成正比。毛其淋和许家云（2017）考察了中间品进口对企业出口产品质量升级的促进作用。宋跃刚和郑磊（2020）基于2000~2013年中国工业和海关贸易数据的研究发现，中间品进口通过自主创新的机制影响企业出口产品质量升级。此外，还有学者分析了融资约束（Arkolakis，2010；Manova，2013；张杰，2015b）、最低工资标准（许和连、王海成，2016）、市场竞争（Bustos，2011；许明，2016）、补贴（张杰等，2015b；张洋，2017）、人民币升值（余淼杰、张睿，2017b）等因素对企业出口产品质量的影响。

3. 贸易自由化对出口产品质量的影响

早期的研究主要考察最终品贸易自由化对企业出口产品质量的影响，如殷德生等（2011）建立理论模型分析了贸易开放对企业产品质量升级的影响；Amiti和Khandelwal（2013）的经验研究表明，最终品贸易自由化的竞争效应促进了企业产品质量升级。基于中国微观数据的实证研究得出了与其一致的结论（汪建新，2014；刘晓宁、刘磊，2015）。此外，苏理梅等（2016）还基于贸易政策不确定的视角考察了贸易自由化对企业出口产品质量的影响。随着中间品贸易地位的不断上升，学者们开始关注中间品贸易自由化对企业出口产品质量的影响。如Bas和Strauss-Kahn（2015）以产品单价衡量产品质量，研究发现中间品关税减让促进了企业出口产品质量升级；Fan等（2018）对中国企业的研究表明，中间品贸易自由化对出口产品质量有显著的正向作用，尤其在产品质量差异较大的行业中更为显著。

第四节 中间品进口的其他相关研究

中国作为世界加工厂，长期处于全球价值链的低端环节。为改变这种境况，中国企业积极加入全球的生产分工体系，对大量进口机器设备以及关键零部件等中间投入品进行加工组装并出口。一方面带动了出口增长，另一方面通过学习国外的先进技术，提高了本国企业的生产效率和竞争优势。中国进口规模的扩大和地位的提升，拉开了学者们对中国进口研究的序幕，产生了丰富的研究成果，除了本章前面综述的几点外，还可以归纳为以下几个方面。

一　进口贸易自由化与企业创新

学者们对中间品进口贸易自由化对企业创新的研究一直存在争论。一方面，部分研究认为进口贸易自由化有利于企业创新（田巍、余淼杰，2014）；另一方面，诸多学者的研究发现中间品进口关税降低可能通过依赖效应和锁定效应等削弱企业的研发创新能力（张杰，2015a；Liu and Qiu，2016）。此外，何欢浪等（2021）基于中国专利数据、工业统计数据和海关进出口的匹配数据，检验了进口贸易自由化对中国企业创新的影响及其影响渠道，研究发现，中间品贸易自由化有利于提升企业创新能力，而最终品关税下降的影响则存在选择效应。

二　中间品贸易与出口技术复杂度

齐俊妍和吕建辉（2016）通过细化中间品技术分类，研究发现进口不同技术水平的中间品对中国的出口净技术复杂度（NES）产生了异质性影响。盛斌和毛其淋（2017）从行业和企业的视角分别探究了贸易自由化对企业出口技术复杂度的影响，研究得出中间品和最终品关税降低分别通过"种类效应"和"关税效应"影响企业出口技术复杂度。周记顺和洪小羽（2021）从资本品和中间品的角度分别分析进口与出口技术复杂度的关系。李小平等（2021）利用中国数据的研究发现，中间品进口种类扩展主要通过"产品创新"和"生产率提升"来影响企业出口复杂度，前者为直接渠道，后者为间接渠道，从而验证了"以进口强出口"的贸易模式是适宜的。

三　中间品进口与全球价值链升级

有关中间品进口与全球价值链升级的研究结论可以归纳为三个方面：一是中间品进口有利于中国制造业全球价值链升级，影响渠道主要是技术溢出和研发创新等（Goldberg et al.，2009，2010；魏浩、林薛栋，2017；刘景卿等，2019）；二是由于进口依赖削弱了企业创新，所以中间品进口阻碍了全球价值链升级（Felice and Tajoli，2015；Lall and Pietrobelli，2005；吕越等，2018）；三是中间品进口对制造业全球价值链升级有正负两方面的影响作用（程凯、杨逢珉，2020）。此外，杨继军等（2020）基于中国工业企业数据和海关贸易数据，采用双受限 Tobit 模型检验了贸易自由化如何通过中间品进口影响企业出口增加值和价值链攀升。

除此之外，还有学者从制造业企业就业（魏浩、连慧君，2020）、中国工业经济发展方式转变（陈明，2020）等角度来分析中间品贸易的影响效应。

第五节　文献述评

随着世界经济一体化的发展，国际分工从产业间分工、产业内分工转变到现在以跨国公司为主导的产品内分工，而这期间国际贸易理论经历了古典贸易理论、新古典贸易理论、新贸易理论和新新贸易理论的发展阶段（毛其淋，2013）。中间品贸易尤其是零部件的贸易历史由来已久，如英国在工业革命时期由于国内劳动力供给不足，将纺织服装行业的某些生产阶段分割到东欧国家去生产（Pollard，2011）。只是当时的中间品贸易规模还很小，很长一段时间以来，最终品贸易占据了国际贸易发展的主流地位。近几十年来，由于生产分工的细化和通信技术的发展，中间品贸易规模逐渐壮大，中间品贸易的地位也不断上升，引起了政府和学术界对其的广泛关注。

大部分学者继承并发展了比较优势理论，探讨了中间品贸易产生的原因。生产厂商会根据各自的比较优势原理来分割产品的生产过程，比如资本和技术密集的国家会较多从事研发工作，而劳动力充足的国家会较多进行生产和组装工作，在这个过程中便形成了一个全球生产网络，其中存在大量的中间品交易。随着全球生产网络的壮大，中间品贸易在以中国为代表的东亚地区呈蓬勃发展之势。学者们开始重点考察中间品进口对企业生产决策及出口的影响。基于对以 Melitz（2003）为代表的异质性企业贸易理论的拓展，大量的国内外文献通过理论和实证研究都发现中间品进口促进了企业全要素生产率的提升。此外，还有学者的研究表明，中间品进口有助于企业的研发创新，进而可以促进企业出口扩大以及产品质量升级。由此可见，中间品贸易已成为当今对外贸易研究领域的重要课题之一。所以，本书将基于异质性企业贸易理论的研究成果，结合中国经济的实际情况和中国制造业企业的微观数据，考察中间品贸易自由化对企业出口产品质量、中间品进口对企业全要素生产率和企业成本加成等经济绩效的影响效应和作用机制。

首先，随着中间品贸易自由化的深化，学者们开始关注中间品关税减让与企业出口产品质量升级之间的关系。但是，基于中国的微观企业数据，专门考察中间品贸易自由化对中国企业出口产品质量的影响的文献还略显不足。分析中间品贸易自由化对企业出口产品质量的影响效应及作用机制，对政府制定相关的贸易政策具有重大的参考意义。

其次，考虑到计量模型的完整性，有关中间品进口的影响机制问题，还有待深入考究。已有的大量研究考察了中间品进口的数量效应和种类效应对企业全要素生产率的影响，而关于中间品进口的质量效应的研究还显得相对不足。

再次，虽然已有大量文献研究了企业的成本加成问题，但是大部分研究关注的是出口与企业成本加成之间的关系，而有关进口对企业成本加成的影响的研究还相对较少，尤其是研究中间品进口对中国企业成本加成微观影响的文献更为少见。目前，少量的几篇有关中间品进口对企业成本加成的影响的研究文献，也并不能得出一致的结论。有关这一主题的深入分析，对提高企业的动态竞争能力至关重要。

最后，从技术层面上看，中间品进口和企业绩效之间可能存在双向的因果关系，所以两者之间的相互影响还有待深入研究。而这需要更严谨、更科学的分析技术和计量方法，这将是本书今后努力的方向。

总之，对上述一系列问题的分析有利于挖掘近年来中国中间品贸易特别是中间品进口对制造业企业的经济绩效的影响，特别是从中间品贸易政策的角度进行了考察和分析。这些研究结果一方面有助于客观评价中国中间品贸易的"得"与"失"，另一方面也补充和丰富了中间品贸易领域的相关经验研究。

第二章

理论分析框架

当前对中间品贸易的理论解释主要包括三个方面：一是基于比较优势理论和要素禀赋理论等传统的贸易理论对生产分工和中间品贸易进行分析；二是基于产品内分工和贸易理论，将研究对象从产业层面推进到产品层面继而又扩展到工序层面，进而将比较优势理论的使用范围扩大化，对跨国公司的区位选择原因从要素禀赋的角度进行了解释和分析；三是着眼于企业这一微观经济主体，对企业的进口选择行为进行分析，考察企业的中间品进口将如何影响企业的生产决策和绩效。

自哈佛大学 Marc J. Melitz 教授在 2003 年发表了关于企业生产率异质性的论著以来，国际贸易的研究在全球范围内进入了一个全新的时代。Melitz（2003）成功地拓展了 Krugman（1979）的规模递增模型，即用规模经济解释两个要素禀赋充足的国家为何能进行贸易。Melitz 和其他贸易学家的一个研究共识是，企业的出口模式与其生产率紧密相关。具体来说，低生产率企业只能在国内销售，较高生产率企业可以在国内市场销售并出口，更高生产率的企业既可以在国内市场销售、出口，也可以"走出去"进行对外直接投资。

本章首先对 Melitz（2003）异质性企业贸易理论进行系统介绍，包括模型的假设条件、封闭和开放经济下的均衡条件，以及贸易自由化的影响效应等，然后梳理了学者们对 Melitz（2003）异质性企业贸易理论的拓展研究情况，在此基础上，构建一个本书的理论分析框架。

第一节 异质性企业贸易理论

Melitz（2003）模型是异质性企业贸易理论的基石，他开创性地将企业生产率的异质性纳入 Krugman（1980）的产业内贸易理论模型，研究垄断竞争背景下国际贸易中企业的出口决策行为。随后，很多国内外经济学者在此基础上进行了拓展，极大地丰富了异质性企业贸易理论。下面将系统介绍和评述 Melitz（2003）模型，为本书的研究追溯理论基础。

一 模型构建

1. 需求方

代表性消费者的偏好采用 CES 效用函数表示。

$$U = \left[\int_{\omega \in \Omega} q(\omega)^{\rho} \mathrm{d}\omega \right]^{1/\rho} \qquad (2-1)$$

其中，ω 代表产品种类，Ω 代表产品种类集合，ρ 表示种类偏好系数（$0 < \rho < 1$），任意两种不同产品的替代弹性为 $\sigma = 1/(1-\rho) > 1$。

综合价格水平如下：

$$P = \left[\int_{\omega \in \Omega} p(\omega)^{1-\sigma} \mathrm{d}\omega \right]^{\frac{1}{1-\sigma}} \qquad (2-2)$$

2. 供给方

假设企业是连续的，每个企业生产不同的产品 ω。生产要素只有一种，即劳动力，劳动力总量为 L。每个企业都有相同的固定成本 f，但是生产率水平 φ 不同，因此，用产出表示的劳动力需求为 $l = f + q/\varphi$。假定工资率为 1，则企业的定价方式为：

$$p(\varphi) = \frac{\omega}{\rho\varphi} = \frac{1}{\rho\varphi} \qquad (2-3)$$

那么，根据成本、收益函数和定价公式，企业的利润为：

$$\pi(\varphi) = r(\varphi) - l(\varphi) = \frac{r(\varphi)}{\sigma} - f \qquad (2-4)$$

其中，$r(\varphi)$ 是企业收入，$r(\varphi)/\sigma$ 是可变利润。进一步，可以得出企业之间的产出 $q(\varphi)$ 和收入 $r(\varphi)$ 之比也取决于生产率之比：

$$\frac{q(\varphi_1)}{q(\varphi_2)} = \left(\frac{\varphi_1}{\varphi_2}\right)^{\sigma}, \frac{r(\varphi_1)}{r(\varphi_2)} = \left(\frac{\varphi_1}{\varphi_2}\right)^{\sigma-1} \qquad (2-5)$$

因此，与生产率低的企业相比，生产率高的企业产出、收入和所得利润更多。

此外，总体生产率 $\tilde{\varphi}$ 是企业生产率 φ 的加权平均值：

$$\tilde{\varphi} = \left[\int_0^{\infty} \varphi^{\sigma-1}\mu(\varphi)\,\mathrm{d}\varphi\right]^{\frac{1}{\sigma-1}} \qquad (2-6)$$

其中，$\mu(\varphi)$ 代表生产率分布的密度函数。继续换算可以得到行业的总价格（P）、总产量（Q）、总收益（R）和总利润（Π）都是 $\tilde{\varphi}$ 和企业数量（M）的函数：

$$P = M^{\frac{1}{1-\sigma}}p(\tilde{\varphi}); Q = M^{\frac{1}{\sigma}}q(\tilde{\varphi}); R = PQ = Mr(\tilde{\varphi}); \Pi = M\pi(\tilde{\varphi}) \qquad (2-7)$$

二　企业进入与退出

企业进入行业的固定费用 $f_e > 0$，也称为沉没成本。企业的初始生产率为 φ，进入之后的生产率由市场中生产率的一般概率密度函数 $g(\varphi)$ 决定，其累积分布为 $G(\varphi)$。假设企业在每期都面临概率为 δ 的负面冲击，可能导致企业亏损并被迫退出市场，即 $\pi(\varphi) \geqslant 0$ 时企业生存，否则企业就退出。假设不存在时间贴现因素，因此，企业的价值函数如下：

$$v(\varphi) = \max\left\{0, \sum_0^{\infty}(1-\delta)^t\pi(\varphi)\right\} = \max\left\{0, \frac{1}{\delta}\pi(\varphi)\right\} \qquad (2-8)$$

根据式（2-4），利润率 π 与生产率 φ 正相关，进一步得出最低生产率水平：

$$\varphi^* = \inf\{\varphi : v(\varphi) > 0\}, \text{且} \ \pi(\varphi^*) = 0 \qquad (2-9)$$

如果企业生产率 $\varphi < \varphi^*$，则企业将退出，且新进入企业的初始生产率也要高于 φ^*，否则也将退出，因此 φ^* 为临界点生产率。均衡时，企业生产率 $\mu(\varphi)$ 的分布函数为：

$$\varphi(\varphi) = \frac{g(\varphi)}{1 - G(\varphi^*)}, \varphi \geqslant \varphi^* \qquad (2-10)$$

其中，$p_{in} = 1 - G(\varphi^*)$ 代表企业进入的事前概率，总体生产率为：

$$\tilde{\varphi}(\varphi^*) = \left[\frac{1}{1 - G(\varphi^*)} \int_{\varphi^*}^{\infty} \varphi^{\sigma-1} g(\varphi) \mathrm{d}\varphi \right] \qquad (2-11)$$

根据式（2-10），总生产率是 φ^* 的函数，所以，行业平均收益和平均利润也与 φ^* 有关：

$$\bar{r} = r(\tilde{\varphi}) = \left[\frac{\tilde{\varphi}(\varphi^*)}{\varphi^*} \right]^{\sigma-1} r(\varphi^*); \bar{\pi} = \pi(\tilde{\varphi}) = \left[\frac{\tilde{\varphi}(\varphi^*)}{\varphi^*} \right]^{\sigma-1} \frac{r(\varphi^*)}{\sigma} - f \quad (2-12)$$

根据临界点利润为 0 的条件，再代入式（2-11），经推导可以得到：

$$\pi(\varphi^*) = 0 \Leftrightarrow \bar{\pi} = f\left[\left(\frac{\tilde{\varphi}(\varphi^*)}{\varphi^*} \right)^{\sigma-1} - 1 \right] \qquad (2-13)$$

式（2-12）被 Melitz（2003）命名为停止运营条件（即 ZCP）。

进一步分析，可以得出企业进入的净现值：

$$v_e = E\left[\sum_{t=0}^{\infty} (1-\delta)^t \pi(\varphi) - f_e \right] = \frac{1 - G(\varphi^*)}{\delta} \bar{\pi} - f_e \qquad (2-14)$$

根据式（2-14），当 $v_e \geqslant 0$ 时，企业才会进入，因此 Melitz（2003）将其称为自由进入条件（即 FE）。

三 封闭经济均衡

Melitz（2003）模型证明了 ZCP 曲线与 FE 曲线有唯一交点 E，即为均衡点，如图 2 - 1 所示。

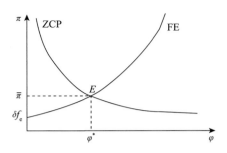

图 2 - 1　封闭经济的均衡

根据图 2 - 1，均衡利润和生产率分别为 $\bar{\pi}$ 和 φ^*。进一步得到劳动力市场出清时，企业总数为：

$$M_a = \frac{L}{\sigma(\bar{\pi} + f)} \qquad (2 - 15)$$

由式（2 - 15）可以看出，封闭经济均衡时企业总数与国家规模（即劳动力数量 L）有关，而与企业生产率 φ^* 无关。

四　开放经济均衡

开放经济下，对称地假定所有国家都存在贸易冰山运输成本（Iceberg Transport Cost），即本国输出 $\tau > 1$ 单位的商品，才能有 1 单位该商品到达目的国。此外，还假定出口企业将花费固定成本 f_{ex}，用于建立出口渠道等。因此，出口企业的收益如下：

$$r(\varphi) = \begin{cases} r_d(\varphi), \text{如果企业不出口} \\ r_d(\varphi) + n r_x(\varphi) = (1 + n\tau^{1-\sigma}) r_d(\varphi), \text{如果企业向所有国家出口} \end{cases}$$

$$(2 - 16)$$

1. 企业进入、退出与出口

假设与封闭经济相似，在进入之前，企业面临相同的生产率分布为 $g(\varphi)$ 且概率为 δ 的负面冲击。因此企业的利润由国内利润 $\pi_d(\varphi)$ 和出口利润 $\pi_x(\varphi)$ 两部分构成：

$$\pi_d(\varphi) = \frac{r_d(\varphi)}{\sigma} - f; \pi_x(\varphi) = \frac{r_x(\varphi)}{\sigma} - f \qquad (2-17)$$

如果 $\pi_x(\varphi) \geq 0$，则企业会出口到所有 n 个国家。企业的总利润为 $\pi(\varphi) = \pi_d(\varphi) + \max\{0, n\pi_x(\varphi)\}$，与封闭经济相同，企业价值可以表示为 $v(\varphi) = \max\{0, \pi(\varphi)/\delta\}$，成功进入的临界生产率为 $\varphi^* = \inf\{\varphi: v(\varphi) > 0\}$。出口企业的临界生产率为 $\varphi_x^* = \inf\{\varphi: \varphi \geq \varphi^*, \pi_x(\varphi) > 0\}$。当 $\varphi_x^* = \varphi^*$ 时，所有企业都出口，且位于临界点生产率的企业的总利润和出口利润分别满足 $\pi(\varphi^*) = \pi_d(\varphi^*) + n\pi_x(\varphi^*) = 0$ 和 $\pi_x(\varphi^*) \geq 0$；当 $\varphi_x^* > \varphi^*$ 时，则生产率大于 φ^* 的企业会出口并获利，而生产率满足 $\varphi_x^* > \varphi > \varphi^*$ 这个条件的企业仅在国内生产。

2. 均衡条件

开放经济的均衡条件也包括两个，分别为企业停止运营条件（ZCP）和自由进入条件（FE），同时有两个临界点生产率（φ^* 和 φ_x^*），两者之间关系为 $\varphi_x^* = \varphi^* \tau (f_x/f)^{\frac{1}{\sigma-1}}$。进一步推导得出均衡条件为：

$$\begin{cases} \bar{\pi} = f\left\{\left[\frac{\tilde{\varphi}(\varphi^*)}{\varphi^*}\right]^{\sigma-1} - 1\right\} + p_x n f_x \left\{\left[\frac{\tilde{\varphi}(\varphi_x^*)}{\varphi^*}\right]^{\sigma-1} - 1\right\}, (\text{ZCP}) \\ \bar{\pi} = \frac{\delta f}{1 - G(\varphi^*)}, (\text{FE}) \end{cases} \qquad (2-18)$$

p_x 为企业出口的概率。与封闭经济相同之处为自由进入条件，不同的是企业利润的构成内容，开放经济下出口企业利润包括国内市场和国外市场两部分。同时，ZCP 曲线与 FE 曲线有且仅有一个交点，决定了唯一的 φ^* 和 $\bar{\pi}$。均衡点 φ^* 确定了出口临界生产率 φ_x^* 和平均生产率 $\tilde{\varphi}$、$\tilde{\varphi}_x$、$\tilde{\varphi}_t$。总收入由劳动力市场 L 决定：$R = L$。此外，由 ZCP 和 FE 可以得出企业平均收益：

$$\bar{r} = r_d(\tilde{\varphi}) + p_x n r_x(\tilde{\varphi}_x) = \sigma(\bar{\pi} + f + p_x n f_x) \qquad (2-19)$$

进一步得到市场均衡时的企业数量和产品种类数：

$$M = \frac{R}{\bar{r}} = \frac{L}{\sigma(\bar{\pi} + f + p_x n f_x)} \qquad (2-20)$$

$$M_t = (1 + np_x)M \qquad (2-21)$$

不难发现，开放经济下企业总数量和产品种类数与国家规模成正比，与平均利润成反比。

3. 开放贸易的经济效应

图 2-2 反映了贸易自由化对均衡的影响，φ_a^* 代表封闭经济停止运营的临界生产率水平，φ^* 和 φ_x^* 分别代表开放经济停止运营的临界生产率水平和出口临界生产率水平。相比封闭经济，FE 曲线不变，新 ZCP 曲线（即 ZCP_{new}）向右上方移动，得出国际贸易使得停止运营临界生产率由 φ_a^* 提高至 φ^*，平均利润相应由 $\bar{\pi}_a$ 提高至 $\bar{\pi}$，因此，生产率为 $\varphi_a^* < \varphi < \varphi^*$ 的企业将被迫停止营业并退出市场。此外，与封闭经济相比，开放经济下企业数量和国内产品数量减少，但是有外国企业和产品进入国内，这可以弥补国内的减少。

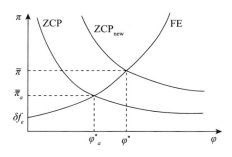

图 2-2　开放经济下的均衡

进一步推导，Melitz（2003）得出下式：

$$r_d(\varphi) < r_a(\varphi) < r_d(\varphi) + nr_x(\varphi), \forall \varphi \geqslant \varphi^* \qquad (2-22)$$

不难看出，对于国内低生产率非出口企业而言，贸易自由化使得其收益和市场占有量减少；而对于高生产率的出口企业而言，由于出口市场的收益抵消了其国内下降的收入，因此提高了其总收益和市场占有量。因此，在开放经济下，低生产率企业会退出市场，市场份额转向高生产率企业，改善了行业内的资源配置效率，进而提高了行业总体生产率。

第二节　异质性企业贸易理论的扩展研究

Melitz（2003）开创性地将企业异质性引入 Krugman 的产业内贸易模型中，以解释国际贸易中企业的差异和出口行为，模型优美而又有力。然而，以 Melitz（2003）为代表的异质性企业贸易理论主要关注企业生产率的异质性，忽略了企业规模、产品质量等其他维度的特征以及企业在国际市场的其他行为选择。贸易经济学家沿着 Melitz 的企业异质性方向，对 Melitz（2003）理论模型进行了扩展研究，丰富了异质性企业贸易理论的研究视角，下面将列举一些代表性的研究观点和成果。

一　考虑企业 FDI 的选择

Melitz（2003）模型只分析了企业的出口决策，然而，在开放经济下，对外直接投资（FDI）也是企业"走出去"的一种重要方式。例如，Helpman 等（2004）构建了异质性企业贸易和投资的理论模型，探索异质性企业如何在出口和 FDI 之间进行选择。研究结果显示，生产率最高的企业选择以 FDI 的方式进入国际市场，生产率次之的企业则选择出口，生产率居中的企业仅在国内市场生产，生产率最低的企业则退出市场。此外，Nocke 和 Yeaple（2007）将 FDI 细分为绿地投资（Greenfield Investment）和跨国并购（Cross-border M&A），并构建了异质性企业贸易理论模型，结果发现与出口企业相比，进行绿地投资的企业生产率较高，但是进行跨国并购的企业的生产率不一定高于出口企业，因为还受限于其本身的资金流动能力（Mobile Capability）。进一步地，Yeaple（2009）在 Helpman 等（2004）的基础上，一方面构建理论模型研究得出企业 FDI 的规模和范围也与企业生产率有关，另一方面基于美国的数据开展了实证分析。

二　内生化企业异质性特征

Melitz（2003）模型的一个重要特征是将企业生产率异质性外生

化。Bustos（2005）对其进行了拓展，通过引入 Yeaple（2005）的内生技术选择过程，内生化企业异质性特征。研究发现，由于企业采纳新技术需要支付一定的固定成本，而出口企业的生产率较高，获取的利润也较高，因此贸易开放后，相比仅在国内市场销售的企业，进入国际市场的企业更有能力采纳新技术进而生产技术水平也更高，同时还利用阿根廷的微观数据进行了检验。除此之外，还有诸多学者通过内生化企业异质性特征对 Melitz（2003）模型进行了拓展（Namimi and López，2007；Hansen and Nielsen，2007；Ederington and McCalman，2008）。

三　引入产品质量的异质性特征

Melitz（2003）模型主要研究企业生产率的异质性，学者们在此基础上进行拓展，引入了企业产品质量差异性这一特征。最早研究产品质量异质性的文献是 Baldwin 和 Harrigan（2007）的作品，他们主要探究了地理距离和市场规模与企业产品质量之间的关系。在此基础上，学者们进一步将产品质量异质性引入 Melitz（2003）异质性企业贸易理论模型，他们发现企业生产的产品质量越高，则定价越高，进而利润越高，因此，出口企业的产品质量较高。而且随着贸易成本的上升，只有产品质量高的企业才能持续出口（Verhoogen，2008；Kugler and Verhoogen，2009；Hallak and Sivadasan，2009）。国内学者施炳展（2011）率先基于中国的数据进行了实证检验，得出中国出口产品价格与地理距离成反比。此外，殷德生等（2011）构建了一个包含产品质量异质性的理论模型，研究得出贸易自由化有利于产品质量升级，其影响渠道主要是降低贸易成本和减少中间品带来的模仿创新。

四　企业异质性与新经济地理

新经济地理学（New Economic Geography，NEG）的研究者们将 Melitz（2003）异质性企业贸易理论进行了拓展，用于探究异质性企业的区位选择和产业集聚问题。Baldwin 和 Okubo（2006）率先在 NEG 模型里引入异质性企业贸易理论，研究得出，国际贸易会导致小国的高生产率企业迁移至大国，因而对大国和小国分别产生不同的影响效应。对于大国来说，平均生产率水平上升使大国受益，同理小国则受损。进一步地，Okubo（2010）结合 NEG 模型和 Melitz（2003）模型，通过引入前后相关联指标研究集聚问题，研究发现，一是生产率水平接近的企业之间会产生关联集聚效应（Co-agglomeration），二是生产率水平较高的企业向外围地区迁移，反之，生产率水平低的企业则向中心区域集聚，这一点与之前的研究结论相差甚远。

综上所述，Melitz（2003）模型还在不断发展和完善中，有关异质性企业贸易理论的文献汗牛充栋。例如，Falvey 等（2004，2006）构建了包含非对称国家（Asymmetric Countries）产业内贸易模型，研究贸易自由化的经济效应；Bernard 等（2007）将 Melitz（2003）、Helpman 和 Krugman（1985）两个模型融合起来，试图解释产业间和产业内贸易，以及企业层面的贸易；Chaney（2008）基于 Melitz（2003）模型和引力模型，研究贸易的二元边际问题（即集约边际和扩展边际）。一些学者将贸易中介（Trade Intermediaries）引入 Melitz（2003）模型中，力图解释企业对直接出口与间接出口的决策选择问题（Akerman，2018；Ahn et al.，2011；Blum et al.，2010；Lu et al.，2011）。此外，还有学者从融资约束（Manova，2008）、国内分割（朱希伟等，2005）、制度层面（张杰等，2008）、生产投资分割（高越、李荣林，2008）等角度对异质性企业贸易理论进行了拓展。

第三节　中间品进口与企业异质性：一个理论框架

钟建军（2016）和黄先海等（2016b）借鉴 Hallak（2006）的产品质量设定以及 Kasahara 和 Rodrigue（2008）的生产函数设定，通过引入一个包含中间品的生产函数来分析中间品进口对企业全要素生产率和加成率的影响。假定 t 时期企业 i 的生产函数 Y_{it} 为：

$$Y_{it} = e^{\vartheta_{it}} K_{it}^{\beta k} L_{it}^{\beta l} \left(\int_0^{N_t} q_{ijkt}^{\gamma} m_{ijkt}^{\frac{\varepsilon-1}{\varepsilon}} \mathrm{d}j \right)^{\frac{\beta m}{\varepsilon-1}} \tag{2-23}$$

其中，ϑ_{it} 表示生产率冲击，具有序列相关性。K_{it} 和 L_{it} 分别表示资本和劳动投入，m_{ijkt}、q_{ijkt} 和 N_{it} 分别表示 t 时期企业 i 从进口来源地 k 进口第 j 种中间品的数量、质量以及进口的种类。$j \in N_{it}$，参数 γ 表示生产者对进口中间品质量的偏好程度，任意两种进口中间品之间的替代弹性 $\rho > 1$。在均衡状态下，所有中间品投入是对称的，即 $m_{ijkt} = \bar{m}$，将其代入式（2 – 23）可得到：

$$Y_{it} = e^{\vartheta} \cdot K_{it}^{\beta k} L_{it}^{\beta l} \left(N_{it} q_{ijkt}^{\gamma} \right)^{\frac{\beta m}{\rho-1}} \left(N_{it} \bar{m} \right)^{\beta n} \tag{2 – 24}$$

企业 i 的全要素生产率 TFP 可以表示为：

$$A_{it} = \frac{Y_{it}}{K_{it}^{\beta k} L_{it}^{\beta l} \left(N_{it} \bar{m} \right)^{\beta n}} \tag{2 – 25}$$

将式（2 – 24）代入式（2 – 25），进一步可以得到：

$$\ln A \left(q_{ijkt}^{\gamma}, \vartheta \right) = \frac{\beta m \rho}{\rho - 1} \ln \left(N_{it} q_{ijkt}^{\gamma} \right) + \vartheta_{it} \tag{2 – 26}$$

根据式（2 – 26）可以看出，企业的全要素生产率水平与中间投入品的种类和中间投入品的质量呈正相关关系，所以进口中间品的使用可以提升企业的全要素生产率水平。

Melitz 和 Ottaviano（2008）通过设定拟线性效用函数引入内生可变的成本加成，研究发现，企业成本加成是边际成本与进入行业的临界边际成本之差的函数。所以，企业的生产率越高，则越有可能收取更高的成本加成。根据这一结论，企业 i 的加成率 mkp 可以表示为：

$$mkp_{it} = \delta_i Y_{it} \tag{2 – 27}$$

其中，δ_i 代表企业产出——盈利比，两边取对数可以得到：

$$\ln mkp_{it} = \ln \delta_i + \beta k \ln K_{it} + \beta l \ln L_{it} + \frac{\beta m \rho}{\rho - 1} \ln \left(N_{it} q_{ijkt}^{\gamma} \right) + \beta n \ln \left(N_{it} \bar{m} \right) + \vartheta_{it} \tag{2 – 28}$$

式（2 – 28）表明，中间投入品的数量变化和中间投入品的质量变化均会对企业加成率造成影响。

中国制造业企业全要素生产率、加成率与出口产品质量的测度与分析

由于中国是制造业大国，而制造业又是中国参与全球价值链生产、进口中间品的主要部门，所以本书选取中国的制造业企业为研究对象，试图考察中间品贸易自由化和中间品进口对企业全要素生产率、成本加成以及产品质量的影响，以及其异质性表现和作用机制。对这一问题的深入分析将会为中国企业嵌入全球价值链生产、提升中国企业的国际竞争能力提供一定的理论支持和政策启示。

企业全要素生产率、加成率和企业出口产品质量是本书研究的企业异质性的三个表现方面，科学准确地测算这三个变量是本书进行规范分析和实证检验的前提，也是本书的重点和难点之一。本章对中国制造业企业全要素生产率、加成率（或成本加成）及出口产品质量进行测算，并根据测算结果进行描述性分析。具体来说，利用世界贸易组织（WTO）的产品进口关税率数据对中国企业层面的中间品贸易自由化水平进行了测算，利用工业企业数据对企业层面的全要素生产率和加成率（或成本加成）进行了考察，利用海关贸易数据对企业层面的出口产品质量的变化进行了测算和分析，为后续的经验研究提供事实依据。

第一节 中国制造业企业全要素生产率的测度

概括来讲，近年来测算企业全要素生产率（TFP）的方法主要有四种：OLS 方法、OP 半参数方法（Olley and Pakes，1996）、LP 半参数方法（Levinsohn and Petrin，2003）以及 ACF 半参数方法（Ackerberg et al.，2015）。OLS 是一种典型的参数估计方法，企业生产函数中的投入要素弹性系数可根据样本估计得出，但存在联立性偏差（Simultaneity Bias）和选择性偏差（Selection Bias）。张杰等（2016）的研究表明，OP 方法能够解决联立性偏差问题和选择性偏差问题，还可以避免由中间投入错误平减带来的误差。基于此，本章决定主要采用改进的 OP 方法来估计企业生产率。但是，为确保研究结论的稳健性，本章还采用 LP 方法估算企业全要素生产率进行稳健性检验。在此要特别说明的是，考虑到行业异质性，本章分别对 29 个 2 分位制造业行业进行了估计，以保证本章测算的全要素生产率数据是准确有效的。[1] 对于数据异常值的处理，本章借鉴聂辉华和贾瑞雪（2011）的做法，即计算出生产率之后，通过绘制直方图等方法选择双边截尾方式剔除异常值。

一 OP 方法

OP 方法测算企业全要素生产率的主要特点是用企业的投资作为生产率冲击的代理变量，所以可由投资方程的反函数得到包含投资、资本存量等变量的生产率的显性方程。具体来说，用 OP 方法估计企业全要素生产率主要包括两步：首先，利用上述方法解决生产率的内生性问题后，根据生产率的显性方程估计出劳动投入和中间品投入系数的一致估计量；其次，用企业生存概率方程控制样本选择性偏差，将资本投入对决策的影响分离出来，进而得到资本投入系数的一致估计量（张天华、张少华，2016）。具体来说，本章将采用余淼杰（2011）改进的 OP 方法来测算企业全要素生产率，首先将投资函数设为：

$$I_{it} = \Gamma(\ln K_{it}, v_{it}, EF_{it}) \qquad (3-1)$$

其中，EF_{it} 代表企业是否出口的虚拟变量。据此便可以得到式（3-1）

---

[1] 由于直接采用产出方程时，中间投入的系数接近于 1，所以本章采用企业增加值方程进行估算。

的反函数为：

$$v_{it} = \Gamma^{-1}(\ln K_{it}, I_{it}, EF_{it}) \tag{3-2}$$

于是，回归模型可以写为：

$$\ln Y_{it} = \beta_0 + \beta_m \ln M_{it} + \beta_l \ln L_{it} + g(\ln K_{it}, I_{it}, EF_{it}) + \varepsilon_{it} \tag{3-3}$$

其中，$g(\ln K_{it}, I_{it}, EF_{it}) = \beta_k \ln K_{it} + \Gamma^{-1}(\ln K_{it}, I_{it}, EF_{it})$。借鉴 Olley 和 Pakes（1996）、余淼杰（2011）的做法，本章使用资本对数值、投资对数值和企业出口虚拟变量的四阶多项式来逼近 g（·）。由于数据样本期间为 1998～2007 年，本章还引入一个 WTO 虚拟变量，2001 年之前取值为 0，之后取值为 1（余淼杰，2011）。于是得到：

$$g(K_{it}, I_{it}, EF_{it}, WTO_t) = (1 + WTO_{it} + EF_{it}) \sum_{h=0}^{4} \sum_{q=0}^{4} \delta_{hq} K_{it}^h I_{it}^q \tag{3-4}$$

在估计出 $\hat{\beta}_m$ 与 $\hat{\beta}_l$ 之后，可得到式（3-3）的残差 $R_{it} = \ln Y_{it} - \hat{\beta}_m \ln M_{it} - \hat{\beta}_l \ln L_{it}$。

接下来，通过估计以下方程，得到资本系数的一致估计量。

$$R_{it} = \beta_k \ln K_{it} + \Gamma^{-1}(g_{i,t-1} - \beta_k \ln K_{i,t-1}, \hat{pr}_{i,t-1}) + \varepsilon_{it} \tag{3-5}$$

其中，$\hat{pr}_{i,t-1}$ 代表企业下一年退出概率的估计值。

最后，得到资本系数的估计量 $\hat{\beta}_k$ 后，便可以计算出每个行业 j 中企业 i 的全要素生产率。

$$TFP_{ijt}^{OP} = \ln Y_{it} - \hat{\beta}_m \ln M_{it} - \hat{\beta}_k \ln K_{it} - \hat{\beta}_l \ln L_{it} \tag{3-6}$$

二　LP 方法

上述 OP 估计方法的前提是企业的投资额不能为 0，而实际上并非每一个企业每一年都有正的投资额，而投资额为 0 的样本被剔除，将造成大量样本的损失。为此，Levinsohn 和 Petrin（2003）提出了一个新的全要素生产率的估计方法，即用中间投入作为不可观测的生产率冲击的代理变量。相比较 OP 方法，LP 方法的优势在于中间投入的数据更容易获得。限于篇幅，LP 方法的测算过程不再赘述，具体参考 Levinsohn 和 Petrin（2003）的研究。虽然 LP 方法在操作上比 OP 方法更复杂，但是在 Stata 环境下，借助扩展命令 levpet，可以大大提高估计效率（鲁晓东、连玉君，2012）。

在采用 OP 方法和 LP 方法对企业全要素生产率进行估算的过程中，不同研究者对各变量的设定存在部分差异，本章根据多数研究者的一般做法，采用工业增加值衡量企业的产出，采用全年企业从业人员平均人数来衡量劳动投入，采用合计工业中间投入衡量中间投入品，采用固定资产总值衡量资本存量。在缺失工业增加值的年份，使用者可以根据会计准则估算工业增加值，即工业增加值 = 工业总产值 − 工业中间投入 + 增值税。在没有工业总产值的年份（如 2004 年），估算公式为：工业增加值 = 产品销售额 − 期初存货 + 期末存货 − 工业中间投入 + 增加值（聂辉华等，2012）。

三　测度结果分析

考虑到行业异质性，本章按照上述 OP 方法和 LP 方法分别对 29 个 2 分位制造业行业进行了估计。下面对全要素生产率的具体测算结果进行分析，包括中国制造业整体的变化、分行业的变化和不同企业类型的全要素生产率的变化趋势分析。

1. 全要素生产率的整体变化特征

本章根据对 29 个 2 分位制造业行业（见附表 1）全要素生产率的测算结果，汇总计算了样本期整体全要素生产率，如表 3 − 1 所示。对于数据异常值的处理，本章选择双边截尾方式剔除了位于样本成本加成前后 1% 的异常企业。[①] 为了更直观地比较 OP 方法和 LP 方法计算的全要素生产率的变化，本章还绘制了 1999 ~ 2007 年中国制造业整体全要

---

① 本章也选择双边截尾方式剔除了位于样本 TFP 3% 的异常企业，结果相差不大，具体测算结果见附录。

素生产率变化趋势图,详见附图1。

根据表 3-1 可以看出,OP 方法测算的 TFP 的均值为 3.94,LP 方法计算的 TFP 的均值为 6.45,且 LP 方法测算的 TFP 要显著大于 OP 方法的测算结果,与鲁晓东和连玉君(2012)、张天华和张少华(2016)的测算结果相近,说明本章的 TFP 的测算比较准确和可信。此外,不论是OP 方法还是 LP 方法的测算结果都表明 1999~2007 年中国制造业企业的全要素生产率整体上呈现上涨趋势,具体来说,按 OP 方法计算,TFP 由1999 年的 3.87 上升至 2007 年的 4.00,增长率为 3.36%;按 LP 方法计算,TFP 由 1999 年的 6.17 上升至 2007 年的 6.70,增长率为 8.59%。

表 3-1　1999~2007 年中国制造业整体全要素生产率

方法	1999 年	2000 年	2001 年	2002 年	2003 年	2004 年	2005 年	2006 年	2007 年	均值	增长率(%)
OP 方法	3.87	3.88	3.90	3.93	3.95	3.97	3.98	3.99	4.00	3.94	3.36
LP 方法	6.17	6.25	6.32	6.42	6.52	6.49	6.64	6.55	6.70	6.45	8.59

资料来源:根据 1998~2007 年中国工业企业数据库计算整理得到。

2. 全要素生产率的分行业变化特征

按 OP 方法和 LP 方法测算的 29 个制造业行业的全要素生产率的结果分别如表 3-2 和表 3-3 所示,对于数据异常值的处理,本章选择双边截尾方式剔除了位于样本成本加成前后 1% 的异常企业。[①]

为了更直观地比较各行业全要素生产率的变化,本章还以 OP 方法的测算结果为例,绘制了 1999~2007 年 2 分位行业全要素生产率折线图。根据图 3-1 可以看出,29 个制造业行业中除了皮革、毛皮、羽毛(绒)及其制品业(行业代码为 19)和文教体育用品制造业(行业代码为 24)这两个行业以外,其余各行业的全要素生产率均呈现不同程度的上升趋势,表明中国制造业企业全要素生产率的整体提升是基于大部分行业全要素生产率的提升,全要素生产率提升的覆盖面积非常广。

---

① 本章也选择双边截尾方式剔除了位于样本 TFP 3% 的异常企业,结果相差不大,具体测算结果见附录。

表 3 - 2　1999～2007 年中国制造业 2 分位行业的全要素生产率（OP 方法）

行业编码	1999 年	2000 年	2001 年	2002 年	2003 年	2004 年	2005 年	2006 年	2007 年	均值
13	3.594	3.618	3.663	3.675	3.703	3.730	3.749	3.761	3.776	3.697
14	3.202	3.258	3.285	3.345	3.358	3.434	3.458	3.465	3.487	3.366
15	3.626	3.643	3.686	3.700	3.738	3.753	3.754	3.743	3.757	3.711
16	4.949	4.947	5.167	5.078	5.135	5.212	5.118	5.067	5.175	5.094
17	4.221	4.238	4.248	4.246	4.264	4.270	4.256	4.257	4.251	4.250
18	3.958	3.978	3.966	3.992	3.976	3.983	3.968	3.981	3.984	3.976
19	3.690	3.662	3.656	3.685	3.702	3.695	3.695	3.693	3.684	3.685
20	3.599	3.637	3.656	3.639	3.678	3.655	3.664	3.657	3.655	3.649
21	3.503	3.555	3.504	3.580	3.581	3.580	3.568	3.592	3.591	3.562
22	3.453	3.434	3.472	3.471	3.497	3.494	3.503	3.512	3.515	3.483
23	3.016	3.049	3.079	3.162	3.178	3.223	3.293	3.307	3.346	3.184
24	4.375	4.353	4.360	4.372	4.380	4.385	4.391	4.379	4.367	4.374
25	3.752	3.703	3.754	3.719	3.756	3.783	3.806	3.837	3.827	3.771
26	4.223	4.235	4.211	4.244	4.250	4.259	4.265	4.277	4.287	4.250
27	3.555	3.585	3.619	3.655	3.710	3.743	3.737	3.723	3.727	3.673
28	3.158	3.204	3.203	3.250	3.208	3.198	3.201	3.184	3.163	3.197
29	3.861	3.863	3.850	3.900	3.884	3.932	3.925	3.944	3.946	3.901
30	4.119	4.131	4.137	4.135	4.161	4.178	4.141	4.140	4.149	4.143
31	3.991	4.003	4.023	4.031	4.049	4.079	4.068	4.089	4.096	4.048
32	3.728	3.750	3.761	3.778	3.774	3.772	3.778	3.803	3.815	3.773
33	3.612	3.578	3.621	3.612	3.608	3.637	3.645	3.630	3.666	3.623
34	3.981	3.983	3.970	3.999	4.024	4.009	4.019	4.021	4.037	4.005
35	3.785	3.774	3.815	3.836	3.850	3.876	3.871	3.895	3.913	3.846
36	3.809	3.791	3.842	3.883	3.940	4.000	4.028	4.035	4.071	3.933
37	3.539	3.535	3.566	3.575	3.616	3.679	3.659	3.672	3.705	3.616
39	4.089	4.089	4.081	4.111	4.127	4.134	4.126	4.128	4.144	4.114
40	4.585	4.585	4.644	4.670	4.673	4.717	4.700	4.694	4.718	4.665
41	4.295	4.293	4.298	4.320	4.367	4.373	4.411	4.417	4.454	4.359
42	4.092	4.085	4.082	4.131	4.124	4.140	4.132	4.139	4.116	4.116

注：行业编码为《国民经济行业分类》（GB/T 4754—2002）的 2 位码。

资料来源：根据 1998～2007 年中国工业企业数据库计算整理得到。

表 3 - 3　1999～2007 年中国制造业 2 分位行业的全要素生产率（LP 方法）

行业编码	1999 年	2000 年	2001 年	2002 年	2003 年	2004 年	2005 年	2006 年	2007 年	均值
13	5.951	6.113	6.222	6.346	6.492	6.490	6.720	6.789	6.976	6.455
14	5.789	5.989	6.136	6.280	6.475	6.547	6.742	6.825	6.992	6.419
15	6.267	6.444	6.492	6.548	6.680	6.798	6.944	6.998	7.218	6.710
16	7.612	7.499	7.752	7.923	8.152	8.309	8.261	8.234	8.365	8.012
17	6.236	6.316	6.306	6.412	6.454	6.348	6.553	6.585	6.715	6.436
18	6.016	6.075	6.083	6.108	6.197	6.208	6.364	6.409	6.537	6.222
19	6.195	6.295	6.326	6.387	6.460	6.426	6.548	6.652	6.807	6.455
20	5.656	5.686	5.805	5.852	5.951	5.953	6.164	6.226	6.416	5.968
21	6.159	6.188	6.256	6.327	6.398	6.440	6.602	6.645	6.832	6.427
22	6.179	6.248	6.277	6.389	6.479	6.445	6.598	6.672	6.848	6.459
23	5.710	5.790	5.955	6.131	6.301	6.405	6.568	6.653	6.916	6.270
24	6.188	6.236	6.220	6.240	6.252	6.213	6.326	5.969	6.288	6.215
25	5.365	5.167	5.283	5.319	5.426	5.404	5.388	5.310	5.577	5.360
26	6.211	6.262	6.360	6.468	6.557	6.509	6.649	6.723	6.919	6.518
27	6.422	6.543	6.639	6.717	6.828	6.786	6.855	6.887	7.078	6.751
28	6.136	6.311	6.204	6.310	6.363	6.188	6.377	6.482	6.604	6.331
29	6.351	6.397	6.425	6.525	6.595	6.486	6.595	6.660	6.838	6.541
30	5.985	6.059	6.102	6.188	6.251	6.145	6.254	6.328	6.466	6.198
31	6.513	6.566	6.626	6.734	6.872	6.946	7.079	7.146	7.351	6.870
32	5.815	5.913	6.004	6.144	6.316	6.243	6.397	6.451	6.656	6.215
33	5.883	5.903	5.967	6.122	6.226	6.151	6.279	6.448	6.588	6.174
34	5.990	6.022	6.073	6.171	6.215	6.041	6.166	6.217	6.336	6.137
35	6.391	6.503	6.582	6.706	6.856	6.833	6.997	7.062	7.257	6.799
36	6.372	6.484	6.590	6.746	6.905	6.944	7.123	7.178	7.378	6.858
37	6.138	6.219	6.362	6.508	6.676	6.719	6.862	6.941	7.151	6.620
39	6.251	6.330	6.361	6.453	6.543	6.444	6.573	6.637	6.784	6.486
40	6.123	6.233	6.304	6.421	6.479	6.357	6.455	6.523	6.628	6.391
41	6.416	6.516	6.608	6.728	6.857	6.892	7.036	7.115	7.268	6.826
42	6.340	6.406	6.409	6.480	6.606	6.611	6.765	6.801	6.961	6.598

注：行业编码为《国民经济行业分类》（GB/T 4754—2002）的 2 位码。

资料来源：根据 1998～2007 年中国工业企业数据库计算整理得到。

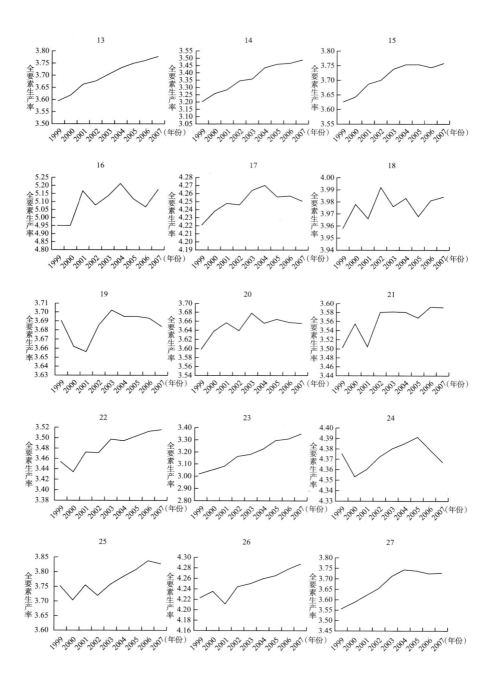

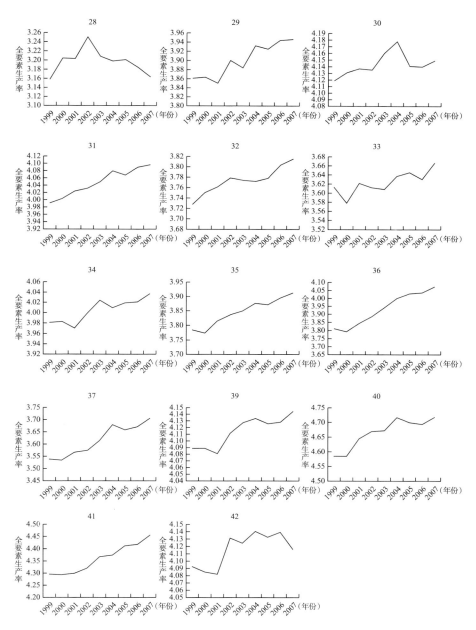

图 3 - 1　1999～2007 年中国制造业 2 分位行业 TFP 变动趋势

此外，本章借鉴郭克莎（2005）按照要素密集度的标准对制造业进行分类，具体分组见表 3 - 4。根据分组结果，本章汇总了不同要素密集度的行业全要素生产率的变化趋势，见表 3-5。从表 3-5 可以看出，平均来说，技术密集型行业的全要素生产率最高，其次是资源密集型行业，劳动密集型和资本密集型行业的全要素生产率较低。劳动密集型行业大部分是一些传统行业，如农副食品加工业、食品制造业、纺织业以及纺织服装、鞋、帽制造业等，劳动生产率较低下；而技术密集型行业如通用设备制造业、专用设备制造业、交通运输设备制造业以及通信设备、计算机及其他电子设备制造业等高新技术产业，普遍生产率都较高，而且在国家产业政策的扶持下，这些行业生产率的增长也较快。

表 3-4   制造业要素密集度分组

行业类型	行业代码
劳动密集型	13、14、15、17、18、19、21、22、23、24、42
资本密集型	16、20、28、32、33
技术密集型	26、27、35、36、37、39、40、41
资源密集型	25、29、30、31、34

资料来源：笔者根据沈能等（2014）的研究整理，表中行业编码为《国民经济行业分类》（GB/T 4754—2002）的 2 位码分类，行业编码和行业名称的对应表见附录。

表 3-5   不同要素密集度的行业全要素生产率变化

行业类型	1999 年	2000 年	2001 年	2002 年	2003 年	2004 年	2005 年	2006 年	2007 年	均值
劳动密集型	3.74	3.75	3.79	3.82	3.84	3.87	3.88	3.89	3.92	3.83
资本密集型	3.68	3.69	3.71	3.70	3.70	3.69	3.68	3.68	3.69	3.69
技术密集型	4.00	4.00	4.02	4.05	4.09	4.12	4.13	4.14	4.16	4.08
资源密集型	4.00	4.00	4.01	4.03	4.05	4.06	4.05	4.06	4.07	4.04

资料来源：根据 1998~2007 年中国工业企业数据库计算整理得到。

3. 不同类型企业的全要素生产率的变动趋势

本章将分析国有企业和非国有企业全要素生产率的变动趋势，以揭示全要素生产率的企业异质性。根据表 3-6 可以看出，整体上，1999~2007 年中国制造业国有企业 TFP 显著低于非国有企业；具体来说，国有企业的 TFP 均值为 3.48，非国有企业的 TFP 均值为 4.17，前者比后者低了 16.55%。此外，表 3-6 是对原始几十万条数据的均值进行分析的结果，并不能充分展示原有数据的信息，因此，本章还绘制了全样本数据的核密度分布图。图 3-2 显示了国有企业和非国有企业的 TFP 核密度分布的差异性，很明显可以看出，非国有企业的 TFP 分布曲线较靠上、靠右，这意味着整体上非国有企业的全要素生产率高于国有企业。对此可能的原因是，相比非国有企业，国有企业效率低下、激励机制无效（鲁晓东、连玉君，2012）。

表 3-6　1999~2007 年国有企业与非国有企业全要素生产率变化趋势

企业类型	1999 年	2000 年	2001 年	2002 年	2003 年	2004 年	2005 年	2006 年	2007 年	均值
国有企业	3.35	3.35	3.37	3.39	3.42	3.46	3.55	3.59	3.81	3.48
非国有企业	4.06	4.06	4.09	4.13	4.17	4.18	4.21	4.23	4.36	4.17

资料来源：根据 1998~2007 年中国工业企业数据库计算整理得到。

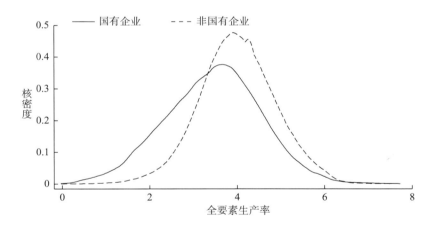

图 3-2　国有企业与非国有企业全要素生产率变化

资料来源：根据 1998~2007 年中国工业企业数据的计算结果，用 Stata 13.0 绘制。

第二节　中国制造业企业成本加成 （或加成率）的测度

成本加成（或加成率）的测度方法主要包括两种：会计法和计量估计法（钱学锋、范冬梅，2015）。其中，会计法测度的成本加成等于真实成本加成的前提条件是规模报酬和资本使用成本不变，因此计量估计法更受大部分学者的青睐。最先提出计量估计方法的是 Hall（1986），他基于生产函数的结构分析，利用企业的要素投入成本和产出信息来计算成本加成。Hall（1986）的计量估计方法的原理为：在完全竞争的市场条件下，企业利润最大化的条件是边际收益等于边际成本，即可变要素的产出弹性等于该要素投入占总产出的比重；在不完全竞争的市场条件下，虽然两者并不相等，但是两者的关系可反映出相应的成本加成（刘啟仁、黄建忠，2016）。但是该方法在测算中也产生了一些问题，比如基于生产函数测算企业的产出时，一些不可观测的生产率冲击会致使估计的产出弹性系数产生偏误。De Loecker 和 Warzynski（2012）进一步完善了 Hall（1986）的方法，采用 ACF 方法解决企业投入的内生性问题来估计产出弹性，进而测算成本加成（下文简称 DLW 方法）。下面分别介绍 DLW 方法和会计法这两种测算方法，并对中国制造业企业的成本加成进行测算和分析。

一　DLW 方法

本章采用 De Loecker 和 Warzynski（2012）的方法来测算企业成本加成。De Loecker 和 Warzynski（2012）在 Hall（1986）研究的基础上，通过求解成本最小化问题，推导出企业成本加成的计算公式。该方法的优点是不依赖市场结构、需求结构等限制条件，而直接从不同企业的生产函数中估计出产出弹性，也无须企业的成本、价格等数据就可以准确地估算出企业的成本加成。

假设企业 i 在 t 期的生产函数为：

$$Q_{it} = F(L_{it}, K_{it}, M_{it}, w_{it}) \qquad (3-7)$$

其中，Q_{it} 表示企业 i 在 t 期的实际产量；L_{it}、K_{it} 和 M_{it} 分别表示劳动力、资本和中间品的投入量；生产函数 $F(\cdot)$ 是二阶连续可微的函数。企业追求在产量既定的情况下实现成本最小化，故将拉格朗日函数设置为：

$$L(L_{it}, K_{it}, M_{it}, \lambda_{it}) = \omega_{it}L_{it} + r_{it}K_{it} + p_{it}^m M_{it} + \lambda_{it}[Q_{it} - F(\cdot)] \qquad (3-8)$$

其中，P_{it}^m、ω_{it} 和 r_{it} 分别表示中间投入、劳动力和资本投入的价格。估算成本加成，首先要确定一种可变要素，计算其产出弹性。本章借鉴 Lu 等（2014）的做法，选择中间投入作为可变要素来测算成本加成。[①]对可变投入要素进行一阶求导：

$$\frac{\partial L_{it}}{\partial M_{it}} = P_{it}^m - \lambda_{it}\frac{\partial F(\cdot)}{\partial M_{it}} = 0 \qquad (3-9)$$

其中，$\lambda_{it} = \partial L_{it}/\partial Q_{it} = mc_{it}$ 为企业产出既定下的边际成本。式（3-9）两边同时乘以 M_{it}/Q_{it}，并整理得到：

$$\frac{\partial F(\cdot)}{\partial M_{it}}\frac{M_{it}}{Q_{it}} = \frac{1}{\lambda_{it}}\frac{P_{it}^m M_{it}}{Q_{it}} = \frac{P_{it}}{\lambda_{it}}\frac{P_{it}^m M_{it}}{P_{it}Q_{it}} \qquad (3-10)$$

其中，P_{it} 为最终产品的价格，为了实现企业的成本最小化，则要求最优的投入要素需求应当满足：可变要素投入的产出弹性 $\left[\frac{\partial F(\cdot)M_{it}}{\partial M_{it}^v\ Q_{it}}\right]$ 等于该要素在生产成本中所占的份额 $\left(\frac{1}{\lambda_{it}}\frac{P_{it}^m M_{it}}{Q_{it}}\right)$。接下来定义企业的成本加成为 $mkp_{it} = P_{it}/mc_{it} = P_{it}/\lambda_{it}$，将其代入式（3-10）可得成本加成的表达式：

$$mkp_{it} = \frac{\partial F_{it}}{\partial M_{it}}\frac{M_{it}}{Q_{it}}\left(\frac{P_{it}^m M_{it}}{P_{it}Q_{it}}\right)^{-1} = \theta_{it}^m (\alpha_{it}^m)^{-1} \qquad (3-11)$$

其中，θ_{it}^m 为可变要素中间投入 M 的产出弹性，α_{it}^m 表示可变要素中间投入的支出份额，即中间投入占企业销售额（$P_{it}Q_{it}$）的比重。根据式（3-11），必须先计算可变要素的产出弹性 θ_{it}^m 和支出份额 α_{it}^m，才能测算出企业 i 的成本加成。

首先，若要计算 θ_{it}^m，则需先估算企业的生产函数。与 Lu 等（2014）的做法相似，本章假设生产函数为超越对数生产函数：

---

① 可变要素一般可以使用劳动力和中间投入表示，但中国劳动力要素的自由调整程度还很低，尤其是在国有企业中，所以选择中间投入较合理。

$$y_{it} = \beta_l l_{it} + \beta_k k_{it} + \beta_m m_{it} + \beta_{ll} l_{it}^2 + \beta_{kk} k_{it}^2 + \beta_{mm} m_{it}^2 + \beta_{lk} l_{it} k_{it} + \beta_{km} k_{it} m_{it} +$$
$$\beta_{lm} l_{it} m_{it} + \beta_{lkm} l_{it} k_{it} m_{it} + \omega_{it} + \varepsilon_{it} \qquad (3-12)$$

式（3-12）中，β 表示技术参数；l、k 和 m 分别表示劳动、资本和中间投入的对数，为企业的全要素生产率；ε_{it} 为随机扰动项。鉴于行业的异质性，本章对制造业 2 分位行业逐个估计生产函数，得到生产函数系数矩阵：

$$\beta = (\beta_l, \beta_k, \beta_m, \beta_{ll}, \beta_{kk}, \beta_{mm}, \beta_{lk}, \beta_{km}, \beta_{lm}, \beta_{lkm}) \qquad (3-13)$$

然后参考 De Loecker 和 Warzynski（2012）的两步估计法[①]，可以得到可变要素中间投入的产出弹性 θ_{it}^m。

其次，计算可变要素的支出份额 α_{it}^m。由于 Q_{it} 不能由数据直接得到，但是可以先求得 $\hat{Q}_{it}$，再根据关系式 $\hat{Q}_{it} = Q_{it} \exp(\varepsilon_{it})$，计算得到 $Q_{it} = \hat{Q}_{it} / \exp(\varepsilon_{it})$。故经过调整的可变要素的支出份额 α_{it}^m 为：

$$\hat{\alpha}_{it}^m = \frac{P_{it}^m M_{it}}{P_{it} \hat{Q}_{it} / \exp(\hat{\varepsilon}_{it})} \qquad (3-14)$$

最后，得到企业 i 在 t 期的成本加成的测算式为：

$$\hat{mkp}_{it}^m = \hat{\theta}_{it}^m (\hat{\alpha}_{it}^m)^{-1} \qquad (3-15)$$

二　会计法

在会计法（Domowitz et al.，1986；钱学锋等，2015）中，企业的产品价格和边际成本的关系式为：

$$\left(\frac{p-c}{p}\right)_{it} = 1 - \frac{1}{mkp_{it}} = \left(\frac{va-pr}{va+ncm}\right)_{it} \qquad (3-16)$$

[①] 如果用传统 OLS 方法估计生产函数将会产生联立性偏差问题（Simultaneity Bias），本章借鉴 De Loecker 和 Warzynski（2012）的做法，采用 Levinsohn 和 Petrin（2003）的半参数法对生产函数进行估计，其主要特点是使用企业的中间投入变量作为企业受到生产率冲击时的调整变量，限于篇幅，这里没有给出 Levinsohn 和 Petrin（2003）半参数法的具体估计步骤。

其中，mkp_{it} 代表企业 i 在时间 t 的成本加成，p 和 c 分别代表企业的产品价格和边际成本。va、pr 和 ncm 分别代表企业的工业增加值、工资总额和净中间投入要素成本。

会计法的优点是计算所需数据容易获得而且方法简单，此外，会计法能较清晰地揭示行业间的成本加成的差异（Siotis，2003；钱学锋等，2015）。盛丹和王永进（2012）以及钱学锋等（2015）均基于中国工业企业数据，采用会计法计算了成本加成，并分别分析了中国出口产品低价的原因和出口退税对成本加成的影响。

由于中国工业企业数据提供了根据会计法计算成本加成所需的会计指标，所以本章也采用会计法分行业测算了 1998～2007 年中国制造业企业的成本加成。考虑到行业异质性，本章分别对 29 个 2 分位制造业行业进行了估计。对数据异常值的处理，本章选择双边截尾方式剔除了位于样本成本加成前后 1% 的异常企业。

三 测度结果分析

考虑到行业异质性，本章按照上述 DLW 方法分别对 29 个 2 分位制造业行业进行了估计。由于中国工业企业数据提供了根据会计法计算成本加成所需的会计指标，所以本章也采用会计法分行业测算了 1998～2007 年中国制造业企业的成本加成。下面对成本加成的具体测算结果进行分析，包括中国制造业企业成本加成的整体变化、分行业的变化和不同企业类型的成本加成的变化趋势分析。

1. 制造业整体成本加成的变化趋势

本章根据对 29 个 2 分位制造业行业成本加成的测算结果，汇总计算了整体成本加成的变化趋势，如表 3 - 7 所示。对于数据异常值的处理，本章选择双边截尾方式剔除了位于样本成本加成前后 1% 的异常企业。[①] 为了更直观地比较 DLW 方法和会计法计算的成本加成的变化，本

---

① 本章也选择双边截尾方式剔除了位于样本成本加成 3% 的异常企业，结果相差不大，具体测算结果见附录。

章还绘制了 1999~2007 年中国制造业成本加成变化趋势图，如图 3－3
所示。

表 3－7　1999~2007 年中国制造业整体成本加成

方法	1999 年	2000 年	2001 年	2002 年	2003 年	2004 年	2005 年	2006 年	2007 年	均值
DLW 方法	1.14	1.18	1.21	1.24	1.29	1.36	1.42	1.49	1.63	1.33
会计法	1.25	1.26	1.27	1.28	1.29	1.28	1.31	1.34	1.57	1.32

资料来源：笔者计算。

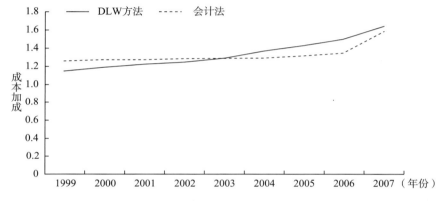

图 3－3　1999~2007 年中国制造业整体成本加成变化趋势

根据图 3－3 和表 3－7 可以看出，1999~2007 年，中国制造业企业
的成本加成整体上呈现上涨趋势，按 DLW 方法计算，成本加成由 1999
年的 1.14 上升至 2007 年的 1.63，增长率为 42.98%；按会计法计算，
成本加成由 1999 年的 1.25 上升至 2007 年的 1.57，增长率为 25.60%，
与钱学锋等（2016a）的测算结果比较接近。进一步，根据图 3－3 可以
看出，2003 年之前，整体成本加成的增长较缓慢，2003 年开始成本加
成的增长速度加快，特别是 2006~2007 年有一个大幅上涨的过程。

2. 不同行业成本加成的变化趋势

按 DLW 方法和会计法测算的 29 个制造业行业的成本加成的结果分
别如表 3－8 和表 3－9 所示。对数据异常值的处理，本章选择双边截尾方式剔除了位于样本成本加成前后 1% 的异常企业。①

表 3 - 8　1999～2007 年中国制造业 2 分位行业的成本加成 （DLW 方法）

行业编码	1999 年	2000 年	2001 年	2002 年	2003 年	2004 年	2005 年	2006 年	2007 年	均值
13	1.134	1.220	1.246	1.261	1.304	1.339	1.417	1.493	1.446	1.318
14	1.186	1.284	1.295	1.290	1.337	1.362	1.424	1.484	1.439	1.345
15	0.989	1.064	1.065	1.040	1.070	1.103	1.148	1.205	1.156	1.093
16	1.578	1.652	1.587	1.665	1.745	1.960	1.853	1.942	1.954	1.771
17	1.133	1.136	1.155	1.215	1.228	1.242	1.307	1.331	1.373	1.236
18	1.137	1.159	1.172	1.164	1.202	1.278	1.350	1.383	1.428	1.253
19	1.119	1.151	1.156	1.147	1.180	1.235	1.257	1.308	1.341	1.210
20	1.300	1.541	1.490	1.496	1.722	1.989	2.431	2.839	2.905	1.968
21	1.175	1.197	1.226	1.309	Ⅰ.404	1.572	1.810	1.918	1.987	1.511
22	1.266	1.305	1.318	1.370	1.450	1.574	1.705	1.807	1.886	1.520
23	1.274	1.311	1.324	1.370	1.445	1.626	1.781	1.892	1.993	1.557
24	1.356	1.351	1.361	1.381	1.452	1.586	1.746	1.814	1.971	1.558
25	0.975	0.874	0.865	0.828	0.834	0.853	0.825	1.841	0.723	0.958
26	1.133	1.151	1.202	1.240	1.268	1.290	1.312	1.361	1.396	1.261
27	1.220	1.253	1.300	1.347	1.393	1.421	1.462	1.534	1.575	1.389
28	1.169	1.185	1.202	1.241	1.249	1.230	1.244	1.294	1.317	1.237
29	1.136	1.152	1.197	1.248	1.299	1.311	1.332	1.403	1.441	1.280
30	1.147	1.163	1.233	1.264	1.348	1.489	1.550	1.637	1.708	1.393
31	1.198	1.232	1.242	1.281	1.376	1.553	1.709	1.853	2.020	1.496
32	1.170	1.175	1.209	1.225	1.225	1.174	1.158	1.161	1.150	1.183
33	1.094	1.083	1.100	1.124	1.113	1.065	1.043	1.059	1.049	1.081
34	1.095	1.094	1.126	1.154	1.129	1.065	1.046	1.051	1.041	1.089
35	1.039	1.087	1.139	1.193	1.297	1.423	1.502	1.547	1.630	1.317
36	1.186	1.233	1.304	1.351	1.460	1.656	1.763	1.869	1.986	1.534
37	1.113	1.157	1.210	1.240	1.279	1.329	1.344	1.370	1.415	1.273
39	1.038	1.056	1.080	1.087	1.076	1.054	1.022	1.030	1.037	1.053

---

①　本章也选择双边截尾方式剔除了位于样本成本加成 3% 的异常企业，结果相差不大，具体测算结果见附录。

续表

行业编码	1999 年	2000 年	2001 年	2002 年	2003 年	2004 年	2005 年	2006 年	2007 年	均值
40	1.057	1.078	1.108	1.110	1.161	1.205	1.211	1.241	1.270	1.160
41	1.133	1.192	1.273	1.331	1.466	1.600	1.700	1.760	1.849	1.478
42	1.242	1.277	1.330	1.386	1.451	1.531	1.616	1.677	1.765	1.475

注：行业编码为《国民经济行业分类》（GB/T 4754—2002）的 2 位码分类，行业编码和行业名称的对应表见附录。

资料来源：根据 1998～2007 年中国工业企业数据库计算整理得到。

表 3－9　1998～2007 年中国制造业 2 分位行业的成本加成（会计法）

行业编码	1998 年	1999 年	2000 年	2001 年	2002 年	2003 年	2004 年	2005 年	2006 年	2007 年	均值
13	1.237	1.257	1.291	1.297	1.299	1.313	1.302	1.343	1.359	1.350	1.305
14	1.224	1.249	1.283	1.287	1.289	1.307	1.305	1.325	1.342	1.328	1.294
15	1.299	1.329	1.365	1.364	1.366	1.384	1.391	1.419	1.424	1.423	1.376
16	1.697	1.671	1.676	1.679	1.729	1.797	1.945	1.872	1.941	1.963	1.797
17	1.192	1.212	1.215	1.216	1.234	1.241	1.221	1.245	1.251	1.258	1.229
18	1.190	1.203	1.208	1.210	1.204	1.207	1.217	1.239	1.233	1.239	1.215
19	1.199	1.212	1.212	1.209	1.209	1.210	1.203	1.209	1.218	1.231	1.211
20	1.247	1.284	1.338	1.33	1.326	1.377	1.415	1.521	1.607	1.623	1.407
21	1.236	1.247	1.247	1.256	1.267	1.276	1.283	1.330	1.343	1.346	1.283
22	1.260	1.273	1.274	1.269	1.286	1.297	1.299	1.338	1.352	1.371	1.302
23	1.257	1.277	1.291	1.294	1.316	1.330	1.361	1.395	1.417	1.440	1.338
24	1.206	1.213	1.219	1.220	1.227	1.235	1.235	1.254	1.411	1.462	1.268
25	1.269	1.254	1.157	1.158	1.169	1.167	1.154	1.127	1.111	1.127	1.169
26	1.244	1.267	1.26	1.286	1.296	1.306	1.298	1.308	1.324	1.337	1.293
27	1.331	1.384	1.396	1.404	1.417	1.432	1.447	1.437	1.457	1.472	1.418
28	1.207	1.218	1.221	1.218	1.239	1.242	1.235	1.234	1.243	1.259	1.232
29	1.241	1.247	1.251	1.259	1.281	1.283	1.268	1.275	1.292	1.298	1.270
30	1.236	1.240	1.239	1.259	1.271	1.283	1.279	1.295	1.310	1.326	1.274
31	1.256	1.274	1.283	1.284	1.296	1.326	1.357	1.395	1.420	1.458	1.335
32	1.234	1.247	1.243	1.254	1.261	1.265	1.239	1.243	1.250	1.245	1.248
33	1.224	1.248	1.238	1.244	1.262	1.256	1.227	1.229	1.238	1.230	1.240
34	1.224	1.237	1.229	1.240	1.247	1.231	1.194	1.195	1.194	1.182	1.217
35	1.230	1.239	1.259	1.270	1.287	1.312	1.334	1.361	1.372	1.392	1.306

续表

行业编码	1998 年	1999 年	2000 年	2001 年	2002 年	2003 年	2004 年	2005 年	2006 年	2007 年	均值
36	1.222	1.232	1.243	1.268	1.293	1.323	1.376	1.410	1.432	1.464	1.326
37	1.230	1.237	1.247	1.269	1.282	1.296	1.300	1.304	1.303	1.318	1.279
39	1.227	1.238	1.232	1.238	1.244	1.234	1.206	1.204	1.199	1.198	1.222
40	1.228	1.227	1.232	1.254	1.257	1.253	1.247	1.249	1.247	1.247	1.244
41	1.200	1.238	1.253	1.282	1.309	1.338	1.384	1.413	1.409	1.444	1.327
42	1.231	1.264	1.266	1.272	1.298	1.299	1.286	1.314	1.326	1.345	1.290

注：行业编码为《国民经济行业分类》（GB/T 4754—2002）的 2 位码分类，行业编码和行业名称的对应表见附录。

资料来源：根据1998～2007年中国工业企业数据库计算整理得到。

　　为了更直观地比较各行业成本加成的变化，本章还以 DLW 方法的测算结果为例，绘制了 1999～2007 年 2 分位行业成本加成柱状图和折线图。从图 3-4 可以看出，除了个别行业如石油加工、炼焦及核燃料加工业（行业代码为 25）外，各 2 分位行业成本加成基本位于 1 和 2 之间，这和既有文献的测算结果基本一致（Lu et al.，2014；钱学锋等，2016a；岳文，2017）。

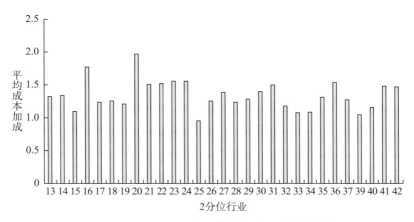

图 3-4　1999～2007 年 2 分位行业平均成本加成

注：行业编码为《国民经济行业分类》（GB/T 4754—2002）的 2 位码分类，行业编码和行业名称的对应表见附录。

资料来源：根据1998～2007年中国工业企业数据库计算整理得到。

　　此外，根据图 3-5 可以看出，29 个制造业行业中除了石油加工、炼焦及核燃料加工业（行业代码为 25），黑色金属冶炼及压延加工业（行业代码为 32），有色金属冶炼及压延加工业（行业代码为 33），金属制品业（行业代码为 34）和电气机械及器材制造业（行业代码为 39）5 个行业以外，其余各行业的成本加成均呈现不同程度的上升趋势，表明中国制造业企业成本加成的整体提升是基于大部分行业成本加成的提升，成本加成提升的覆盖面积非常广。从上涨幅度来看，木材加工及木、竹、藤、棕、草制品业（行业代码为 20）的涨幅最大，行业成本加成增加了一倍多；此外，家具制造业（行业代码为 21）、印刷业和记录媒介的复制（行业代码为 23）、非金属矿物制品业（行业代码为 31）、通用设备制造业（行业代码为 35）、专用设备制造业（行业代码为 36）和仪器仪表及文化、办公用机械制造业（行业代码为 41）的涨幅也较大，都超过了 50%。

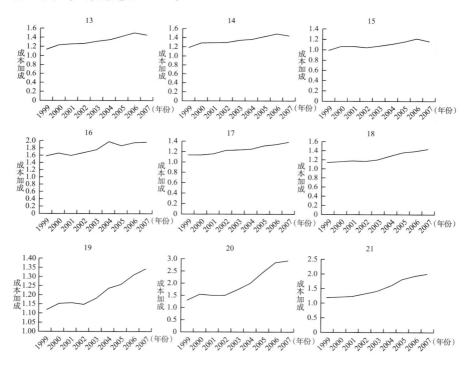

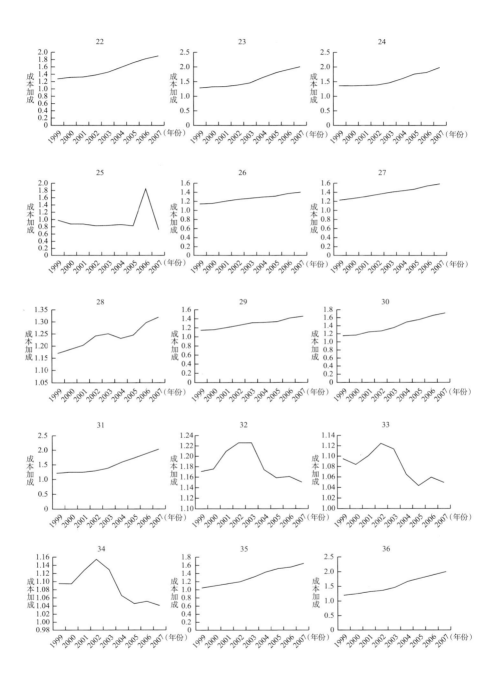

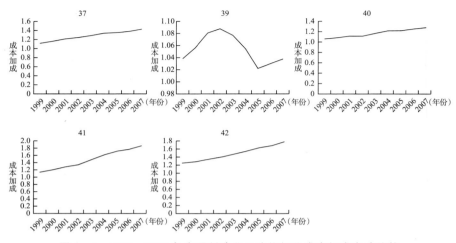

图 3 - 5　1999 ~ 2007 年中国制造业 2 分位行业成本加成变动趋势

注：图中数字为《国民经济行业分类》（GB/T 4754—2002）的 2 分位行业代码。

资料来源：根据 1998 ~ 2007 年中国工业企业数据库计算整理得到。

3. 不同类型企业成本加成的变化趋势

本章还以 DLW 方法的测算结果为例，比较了 1999 ~ 2007 年中国制造业不同类型企业成本加成的变动趋势，如表 3 - 10 和表 3 - 11 所示。

表 3 - 10　1999 ~ 2007 年中国制造业的成本加成

企业类型	1999 年	2000 年	2001 年	2002 年	2003 年	2004 年	2005 年	2006 年	2007 年	均值
整体	1.14	1.18	1.21	1.24	1.29	1.36	1.42	1.49	1.63	1.33
低生产率	1.11	1.14	1.17	1.20	1.25	1.31	1.38	1.44	1.65	1.29
高生产率	1.16	1.21	1.24	1.27	1.33	1.41	1.48	1.55	1.69	1.37
出口	1.16	1.18	1.21	1.24	1.29	1.36	1.42	1.48	1.53	1.32
非出口	1.16	1.19	1.22	1.24	1.29	1.36	1.42	1.47	1.75	1.34

资料来源：根据 1998 ~ 2007 年中国工业企业数据库计算整理得到。

根据表 3 - 10 可以看出，1999 ~ 2007 年，中国制造业企业中高生产率企业[①]的成本加成比低生产率企业高，这一点符合异质性企业贸易理

---

① 以样本期生产率的中位数为界，生产率高于中位数的企业为高生产率企业，否则为低生产率企业。

论的研究成果，即生产率高的企业边际成本较低，因而成本加成较高。此外，出口企业的成本加成比非出口企业低，这与盛丹和王永进（2012）以及祝树金和张鹏辉（2015）的研究结论一致。整体上看，中国企业并未因为进入出口市场而获得成本加成的溢价。可能的原因是，长期的出口退税、补贴政策，以及出口企业行业内部的过度竞争是导致中国出口企业加成率过低的重要原因（盛丹、王永进，2012）。在中国的出口贸易中，大部分是加工贸易，而生产率低、市场力量弱的企业会内生地选择加工贸易的生产活动（余淼杰、袁东，2016），因此相比非出口企业，出口企业具有更低的成本加成。

　　此外，本章还比较了不同所有制类型企业成本加成的变化趋势。根据表 3－11 可以看出，整体上国有企业、私营企业和外资企业的成本加成与总体企业的变动趋势比较一致，均呈现上涨趋势。但是，不同所有制企业的成本加成从大到小依次为私营企业、国有企业和外资企业。特别要说明的是，外资企业的成本加成显著低于私营企业和国有企业（本土企业），对此可能的解释为：一方面，由于外资企业与其母公司或海外子公司的贸易关系，外资企业会压低出口价格进而向其母公司或子公司转移利润，因此外资企业的成本加成较低（钱学锋、陈超，2015；钱学锋等，2016a）；另一方面，外资企业中很多是加工贸易企业，通常不具备较高的生产率，相比较而言成本加成也较低（李春顶，2010）。

表 3－11　1999～2007 年不同所有制类型企业成本加成

企业类型	1999 年	2000 年	2001 年	2002 年	2003 年	2004 年	2005 年	2006 年	2007 年	均值
私营企业	1.26	1.27	1.27	1.27	1.29	1.29	1.31	1.32	1.39	1.30
国有企业	1.24	1.25	1.26	1.27	1.27	1.27	1.28	1.28	1.28	1.27
外资企业	1.22	1.23	1.24	1.25	1.26	1.26	1.28	1.30	1.33	1.26

资料来源：根据 1998～2007 年中国工业企业数据库计算整理得到。

第三节　中国制造业企业出口产品质量的测度

早期学者们多以产品价格衡量产品质量（Schott，2004；Hummels and Klenow，2005；李坤望等，2014），由于产品价格不是由产品质量唯一决定的，所以该测算方法略显不足。近年来，产品质量的测算方法不断精进。比较典型的测算方法包括从产品价格中分离出产品质量（Feenstra and Romalis，2014；余淼杰、张睿，2017a），采用事后反推法测算出口产品质量（Hallak and Schott，2011；Khandelwal et al.，2013；施炳展、邵文波，2014）。考虑到本章的数据特征和测算的技术要求，本章采取事后反推法来测算企业出口产品质量，下面将对该方法进行详细介绍，并对中国制造业企业的出口产品质量进行测算和分析。

一　测算过程

首先，我们采用 Hallak 和 Schott（2011）以及施炳展和邵文波（2014）的事后反推法来测算企业出口的所有产品的质量。然后，将企业出口的所有产品的质量进行加权加总，进而得到企业层面的出口产品质量。具体来说，测算过程如下。

用 p_{ict} 表示企业出口产品的价格，则某一 HS 8 位码产品对应的需求量为：

$$q_{ict} = p_{ict}^{-\sigma} \lambda_{ict}^{\sigma-1} \frac{E_t}{P_t} \tag{3-17}$$

其中，λ_{ict} 和 q_{ict} 分别表示某一产品种类的质量和数量；$\sigma > 1$ 表示产品种类间的替代弹性，i、c 和 t 分别表示出口产品企业、进口国和年份；E_t 表示消费者在产品上的总支出；P_t 表示对应的价格指数。式（3-17）表示产品质量和产品价格共同决定了某一产品种类的需求量。为了得到产品质量的计量回归方程式，本章将式（3-17）取自然对数，经过整理后得到：

$$\ln q_{ict} = \chi_t - \sigma \ln p_{ict} + \varepsilon_{ict} \tag{3-18}$$

这里要注意的是，$\chi_t = \ln E_t - \ln P_t$ 代表的是一个两维虚拟变量，不仅能控制仅随出口国变化和仅随时间变化的变量，还能控制同时随出口国和时间变化的变量。$\ln p_{ict}$ 表示企业 i 在 t 年出口到 c 国的产品价格的对数；残差项 $\varepsilon_{ict} = (\sigma - 1) \ln \lambda_{ict}$，反映了企业 i 在 t 年出口到 c 国的产品的质量因素。因此，根据回归结果将产品质量定义为：

$$quality_{ict} = \ln \hat{\lambda}_{ict} = \frac{\hat{\varepsilon}_{ict}}{\sigma - 1} = \frac{\ln q_{ict} - \ln \hat{q}_{ict}}{\sigma - 1} \tag{3-19}$$

然后，参照施炳展和邵文波（2014）的做法，将式（3-19）进行标准化处理，则得到可以进行加总，且可以跨期、跨界面比较的标准化质量指标 $r\_quality$ [①]：

$$r\_quality_{ict} = \frac{quality_{ict} - \min quality_{ict}}{\max quality_{ict} - \min quality_{ict}} \tag{3-20}$$

最终，将企业层面的出口产品质量指标定义为：

$$Qua_{it} = \frac{value_{ict}}{\sum_{ict \in \Omega} value_{ict}} r\_quality_{ict} \tag{3-21}$$

其中，Ω 代表某一层面的样本集合，$value_{ict}$ 代表样本的价值量。

在上述的测算过程中，如果直接对式（3-18）进行 OLS 回归，可能存在以下问题：第一，式（3-18）没有考虑企业出口产品水平种类的问题；第二，内生性问题，即出口价格和出口数量可能存在双向因果关系。本章对此的解决方案如下：一是参考 Khandelwal（2010）的思路，通过加入出口方所属省份的 GDP 来控制水平产品种类；二是借鉴 Nevo（2001）、施炳展和邵文波（2014）的方案，用工具变量法解决内生性问题，即将企业 i 对 c 国以外的其他市场出口产品的平均价格作为该企业出口到 c 国产品价格的工具变量。但是，这样做的缺点是样本损

---

① 式（3-20）中，min 和 max 分别代表某一 HS 产品在所有年度、所有企业、所有出口国层面上的最小值和最大值。

失量巨大，故将其分析结果作为本章的稳健性检验结果。

二 数据处理过程

基于 2000～2006 年的海关贸易数据库，首先只保留企业出口数据的样本，并根据企业出口价值量和出口数量计算出企业出口产品的价格变量，然后根据式（3－18）进行回归。参考施炳展（2014）以及施炳展和邵文波（2014）的做法，前期的数据整理过程主要包括八步：第一步，删掉企业名称、产品名称以及出口国名称等信息缺失的样本；第二步，删除单笔交易额小于 50 美元或交易数量小于 1 的样本；第三步，仅保留同一产品编码下计数单位最多的样本，其他的删除；第四步，删除非制造业样本，即保留 ISIC 编码介于 300 和 400 之间、SITC 4 分位编码处于 5000 和 9000 之间的样本[①]；第五步，基于 Lall（2000）的分类标准，删除农产品和资源品样本，此时样本量占制造业总体出口量的89.9%；第六步，根据 Rauch（1999）的研究，将产品分为同质性产品和差异化产品，由于同质性产品不能反映产品质量的内涵，故将其删除，此时样本占制造业总体出口量的 81.6%；第七步，基于计量模型回归样本的选择标准，删除总样本量小于 100 的产品，此时样本占制造业总体出口量的 80.7%；第八步，删除企业名称中含有"贸易""进出口"等关键词的贸易中间商样本。最终得到 2000～2006 年 152936 个企业出口到 239 个国家和地区的 2776 种产品的数据，数据单位总数为30198519，这些样本占制造业总体出口量的58.6%。数据处理的结果与施炳展（2014）的比较接近。

三 测算结果分析

在上述数据处理的基础上，按照式（3－18）对 2776 种产品分别进行了回归，然后按照式（3－19）和式（3－20）分别计算了每种产品

---

① 在进行第四步处理之前，需将海关贸易数据 HS 8 分位编码同国际 HS 96 版本的 6 分位编码对齐，然后将 HS 6 分位编码同 ISIC Rev. 2 三分位编码、SITC Rev. 2 三分位编码和四分位编码进行匹配，编码之间的转换表来自 BACI 数据库中的 Product Codes 文件。

的质量和标准化质量，最后按照式（3－21）进行加总得到企业层面的出口产品质量。对数据异常值的处理，本章选择双边截尾方式剔除了位于样本成本加成前后1%的异常企业[①]，剔除异常值后整体出口产品质量的核密度分布如图3－6所示。

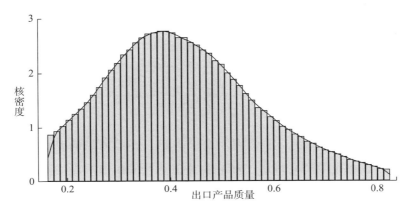

图3－6　整体企业出口产品质量核密度分布

资料来源：根据2000～2006年海关贸易数据的计算结果，用 Stata 13.0 绘制。

1. 中国制造业整体出口产品质量的变化趋势

根据本章企业出口产品质量的计算结果，表3－12描述了样本期内中国制造业企业出口产品质量的变化情况。从中可以看出，整体上中国制造业企业出口产品质量呈现上升趋势，2000～2006年的增长率为1.71%。但是，企业出口产品质量在2001～2002年有所下降，对其可能的解释是，中国加入WTO后，贸易成本降低导致大量低质量的企业开始出口，拉低了中国企业的整体出口产品质量（施炳展，2014）。进一步地，本章还发现加工贸易企业的出口产品质量高于一般贸易企业。可能的原因是，加工贸易企业"两头在外"，使用的中间品的质量较高，出口产品的国外附加值也较高，因此加工贸易企业的出口产品质量比一般贸易企业要高。此外，从变动趋势上看，一般贸易企业的出口产品质量的增长率为3.39%，比加工贸易企业的高，这说明中国加入WTO之

后，一般贸易企业的出口产品质量获得更快的增长。

表 3 - 12　　2000 ~ 2006 年中国制造业企业出口产品质量变化

企业类型	2000 年	2001 年	2002 年	2003 年	2004 年	2005 年	2006 年	增长率（%）
整体	0.527	0.528	0.525	0.524	0.531	0.535	0.536	1.71
加工贸易	0.542	0.545	0.543	0.546	0.548	0.551	0.553	2.03
一般贸易	0.413	0.410	0.416	0.422	0.426	0.425	0.427	3.39
进料加工贸易	0.566	0.562	0.563	0.566	0.569	0.573	0.582	2.83
来料加工贸易	0.551	0.546	0.541	0.552	0.556	0.557	0.560	1.63

资料来源：根据 2000 ~ 2006 年海关贸易数据计算整理得到。

为了更深入地比较不同贸易类型企业出口产品质量的变化，本章还将加工贸易企业中的来料加工和进料加工企业的出口产品质量分别进行汇总，并绘制了不同贸易类型企业的出口产品质量的核密度分布图（见图 3 - 7、图 3 - 8）。根据图 3 - 7 可以明显看出，2000 ~ 2006 年，加工贸易企业的出口产品质量分布曲线更靠右，这说明整体上加工贸易企业出口产品质量高于一般贸易企业出口产品质量。同样道理，进料加工贸易企业的出口产品质量高于来料加工贸易企业。此外，根据图 3 - 8 可以看出，不同类型贸易企业的整体出口产品质量从高到低依次为进料加工贸易企业、来料加工贸易企业和一般贸易企业。

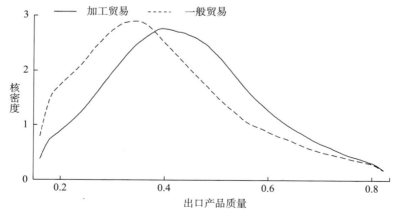

图 3 - 7　一般贸易与加工贸易企业出口产品质量核密度分布

资料来源：根据 2000 ~ 2006 年海关贸易数据的计算结果，用 Stata 13.0 绘制。

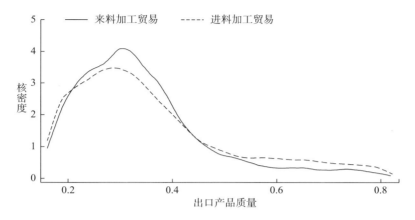

图 3 - 8 来料加工贸易与进料加工贸易企业出口产品质量核密度分布

资料来源：根据 2000～2006 年海关贸易数据的计算结果，用 Stata 13.0 绘制。

2. 中国制造业企业出口产品质量的国别特征

上述中国制造业企业出口产品质量的整体变化趋势反映的是跨期异质性，本章还将比较企业出口产品质量的跨截面异质性，比如分析中国制造业企业出口到不同国家的产品质量的异质性及变化趋势。为此，借鉴施炳展和邵文波（2014）的做法，本章选取了中国出口的前八大贸易伙伴进行分析。表 3 - 13 描述了 2000～2006 年中国制造业企业出口到前八大贸易伙伴的出口产品质量的变化趋势。为了更直观地进行比较分析，本章还绘制了相应的柱状图和折线图进行分析（见图 3 - 9、图 3 - 10）。

表 3 - 13   2000～2006 年中国制造业企业出口到八大贸易伙伴的出口产品质量

国家	2000 年	2001 年	2002 年	2003 年	2004 年	2005 年	2006 年	均值	增长率（%）
美国	0.584	0.591	0.582	0.583	0.587	0.593	0.596	0.588	2.05
英国	0.573	0.576	0.571	0.572	0.577	0.581	0.585	0.576	2.09
法国	0.575	0.571	0.566	0.572	0.578	0.579	0.583	0.575	1.39
德国	0.608	0.613	0.607	0.614	0.616	0.621	0.624	0.615	2.63
日本	0.595	0.598	0.587	0.591	0.598	0.612	0.615	0.599	3.36

续表

国家	2000 年	2001 年	2002 年	2003 年	2004 年	2005 年	2006 年	均值	增长率（%）
荷兰	0.579	0.582	0.578	0.575	0.583	0.588	0.589	0.582	1.73
韩国	0.582	0.588	0.581	0.586	0.592	0.595	0.602	0.589	3.44
新加坡	0.567	0.564	0.561	0.568	0.573	0.576	0.581	0.570	2.47

资料来源：根据 2000～2006 年海关贸易数据计算整理得到。

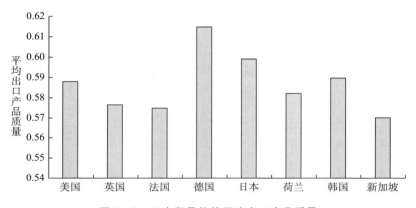

图 3 - 9 八大贸易伙伴平均出口产品质量

根据表 3 - 13 和图 3 - 9 可以看出，不论是出口到美国、英国等高度发达的国家，还是出口到韩国等新兴经济体国家，2000～2006 年中国制造业企业出口的产品质量均出现一定程度的上涨，这与上一小节分析的整体出口产品质量的跨期异质性相一致。其中，出口到韩国的产品质量的增长率较高，达到了 3.44%。此外，中国的八大贸易伙伴中，出口到德国和日本的产品质量的平均水平较高，分别为 0.615 和 0.599；出口到美国的产品质量处于中等水平，为 0.588。诚然，因为中国对不同国家出口的产品类别存在很大差异，所以对不同目的地国家的平均产品质量进行截面比较的意义似乎不大。如果要深入对比出口到不同国家的产品质量的差异，则需基于细分的行业层面进行考察（刘晓宁，2015），鉴于篇幅限制，本章就不再进行深入研究。

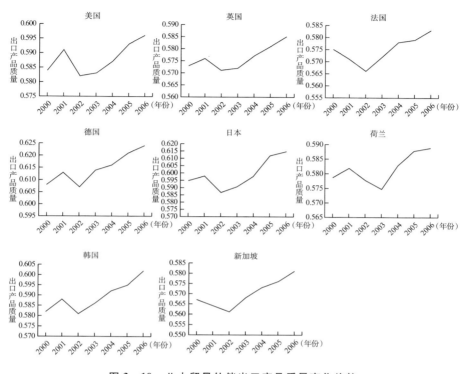

图 3 - 10　八大贸易伙伴出口产品质量变化趋势

资料来源：根据 2000～2006 年海关贸易数据计算整理得到。

3. 不同类型企业出口产品质量的变化趋势

为了进行企业出口产品质量的截面异质性分析，本章将分析本土企业和外资企业出口产品质量的变动趋势。根据表 3 - 14 可以看出，整体上，2000～2006 年中国制造业外资企业出口产品质量均值显著高于本土企业；本土企业的涨幅为负，而外资企业的出口产品质量的增长率为正，两者之间产品质量的差距在逐渐扩大（见图 3 - 11）。此外，表 3 - 14 是对原始几十万条数据的均值进行分析的结果，并不能充分展示原有数据的信息，因此，本章还绘制了全样本数据的核密度分布图。图 3 - 12 显示了本土企业和外资企业的出口产品质量的核密度分布的差异性，很明显可以看出，外资企业的出口产品质量分布曲线较靠上、靠右，这意味着整体上外资企业的出口产品质量高于本土企业水平。对此可能的解释是：一方面，外资进入的技术溢出效应、竞争效应总体上有利于出口产品质量的提升；另一方面，外资在高端产品市场上会对本土企业出口产品产生挤出效应，致使本土企业的产品处于产品质量阶梯的较低端位置（施炳展、邵文波，2014）。

表 3 – 14　2000～2006 年本土企业和外资企业出口产品质量变化趋势

企业类型	2000 年	2001 年	2002 年	2003 年	2004 年	2005 年	2006 年	均值	增长率（%）
本土企业	0.572	0.574	0.571	0.565	0.564	0.562	0.559	0.567	− 2.27
外资企业	0.583	0.586	0.581	0.587	0.595	0.602	0.604	0.591	3.60

资料来源：根据 2000～2006 年海关贸易数据计算整理得到。

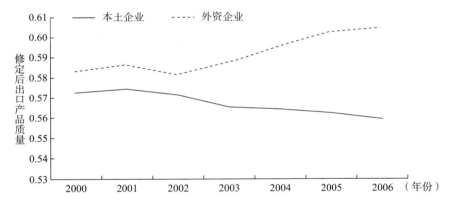

图 3 – 11　2000～2006 年本土企业和外资企业出口产品质量变化趋势

资料来源：根据 2000～2006 年海关贸易数据计算整理得到。

第四节　本章小结

本章对实证分析中的三个关键变量全要素生产率、成本加成和出口产品质量进行了测算和分析。第一，基于 1998～2007 年的中国工业企业数据，采用 OP 方法和 LP 方法分行业测算了中国制造业的全要素生产率。测算结果表明，1999～2007 年，中国制造业整体全要素生产率呈上涨趋势，大部分行业的 TFP 均有一定程度的提升。其中，分行业

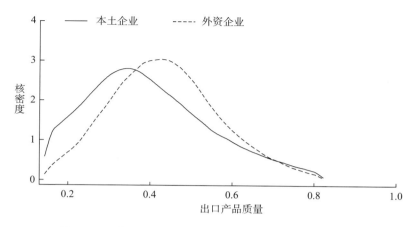

图3-12 本土企业和外资企业出口产品质量核密度分布
资料来源：根据2000~2006年海关贸易数据的计算结果，用Stata 13.0绘制。

来看，技术密集型行业的全要素生产率较高，劳动密集型行业的全要素生产率较低；分企业类型来看，国有企业的全要素生产率比非国有企业的要低。第二，基于1998~2007年的中国工业企业数据，采用DLW方法和会计法分行业测算了中国制造业企业的成本加成。测算结果表明，整体上中国制造业企业的成本加成呈上升趋势，且成本加成的提升范围覆盖了绝大部分制造业行业。此外，整体上看，中国企业并未因为进入出口市场而获得成本加成的溢价，不同所有制企业的成本加成从大到小依次为私营企业、国有企业和外资企业。第三，基于2000~2006年的中国海关贸易数据，采用残差法测算了中国制造业企业出口产品质量。测算结果表明，整体上中国制造业企业出口产品质量呈现上升趋势，但在2001~2002年有一定程度的下降。除了跨期异质性外，本章的测算结果还发现本土企业的出口产品质量低于外资企业的出口产品质量，一般贸易企业的出口产品质量低于加工贸易企业的出口产品质量。此外，中国对不同国家出口的产品质量也呈现异质性特征。

第四章

进口中间品质量与中国制造业企业的全要素生产率

自中国经济发展进入新常态以来，经济增长速度放缓回落，在这种背景下，如何实现经济转型升级、提质增效和持续健康发展成为至关重要的话题。刘世锦（2014）认为，提升中国企业的全要素生产率是解决该问题的关键。然而，如何才能提升企业的生产率？在开放经济下，国际贸易是促进企业全要素生产率提升的重要力量。根据现有文献的研究结论，企业进口的中间品是外国企业的 R&D 投入、新知识和高技术水平的载体，有着更高的质量水平，是影响企业生产率的关键因素之一（Blalock and Veloso，2007；Amiti and Konings，2007；Goldberg et al.，2010）。对于发展中经济体来说，由于生产技术水平有限，并且一些关键零部件和机器设备的供应相对匮乏，所以进口这些高质量的中间品可以提升企业的全要素生产率（Ethier，1982；刘世锦等，2015）。理论上，进口更高质量的中间品可以通过垂直效应提升企业的生产率水平（Grossman and Helpman，1991；Aghion and Howitt，1992）。在经验研究方面，也有大量相关文献验证了中间品进口与企业生产率之间的正相关关系（陈勇兵等，2012；Kasahara and Lapham，2013；张翊等，2015；Halpern et al.，2015）。根据许家云等（2017）对中国中间品进口的研究，近年来，在中间品进口占当年进口总额的比重不断上升的同时，中国购买的中间品逐渐占据全球供应链的上游位置。由于创新知识是非竞争性的，可以产生正的技术外溢效应，所以进口国的企业可以通过进口高技术水平的中间品进行产品设计模仿和生产流程创新，进而提高企业效益（Shepherd and Stone，2012；田巍、余淼杰，2014；张杰等，2015a）。因此，提高中间品进口的数量和质量也是促进企业转型升级的途径之一，企业通过进口中间品的技术溢出效应，提高其全要素生产率并生产出口高质量的最终产品，融入全球价值链体系以参与国际分工。

目前，大量的文献从进口中间品规模的角度对中间品进口如何影响企业生产率进行研究，而对进口中间品质量与企业生产率之间关系的研究显得相对不足。因此，基于上述分析，本章试图利用中国企业层面的微观数据来探讨如下问题：进口中间品质量对企业生产率到底有何影响？有何异质性表现？解决这些问题对客观评价全球价值链环境下中国进口中间品贸易的经济绩效和实现中国企业的转型升级具有重要的现实意义。

第一节　模型设定、指标测算及数据说明

已有大部分文献分析进口中间品的强度和种类如何影响企业的生产率，而本章则主要从进口中间品的质量角度来分析这一影响作用，本节将介绍识别这一影响作用的计量模型。此外，进口中间品质量的测算也是本章的一个重点，本章采用事后反推法对其进行测算，并对其测算过程中的常规问题进行了处理，以保证测算结果的科学性和合理性。对于本章指标测算和实证分析用到的两个数据库即工业企业数据库和海关贸易数据库也是本章的难点之一，本节也详细介绍了其处理方法和匹配方法。

一　计量模型构建

为了考察进口中间品质量对企业生产率的影响效果，在既有理论和实证研究基础上（Kasahara and Rodrigue，2008；Halpern et al.，2015；张翼等，2015），本章建立如下基准回归模型：

$$tfp_{it} = \beta_0 + \beta_1 quality_{it} + \beta_2 X_{it} + v_j + v_r + v_t + \varepsilon_{it} \tag{4-1}$$

其中，下标 i、t 分别表示企业和年份。tfp_{it} 表示企业全要素生产率，$quality_{it}$ 表示企业进口中间品质量，控制变量 X_{it} 具体包括企业规模、企业年龄、市场竞争程度即赫芬达尔指数、企业利润水平、人均工资、出口强度、融资约束、政府补贴、是否为国有企业等。v_j、v_r 和 v_t 分别表示行业、地区和年份固定效应，ε_{it} 表示随机扰动项。

二　指标测算

1. 企业全要素生产率测算（tfp）

本章主要采用改进的 OP 方法来估计企业全要素生产率。但是，为确保研究结论的稳健性，本章还采用 LP 方法对估算的企业全要素生产率进行稳健性检验。OP 方法和 LP 方法的具体测算过程见第三章第一节。

2. 进口中间品质量测算（$quality$）

$quality_{it}$ 表示企业进口中间品质量。首先，本章采用 Hallak 和 Schott（2011）与施炳展和曾祥菲（2015）的事后反推法来测算企业进口的所有中间品的质量。然后，将企业进口的所有中间品的质量进行加权加总，进而得到企业层面的进口中间品质量。具体来说，测算过程如下。

用 P_{ict} 表示企业进口中间品的价格，则某一 HS 8 位码产品对应的需求量为：

$$q_{ict} = p_{ict}^{-\sigma} \lambda_{ict}^{\sigma-1} \frac{E_t}{P_t} \tag{4-2}$$

其中，λ_{ict} 和 q_{ict} 分别表示某一产品种类的质量和数量；$\sigma > 1$ 表示产品种类间的替代弹性，i、c 和 t 分别表示进口中间品企业、进口来源地和年份；E_t 表示消费者在该产品上的总支出；P_t 表示对应的价格指数。式（4-2）表示产品质量和产品价格共同决定了某一产品种类的需求量。为了得到产品质量的计量回归方程式，本章将式（4-2）取自然对数，经过整理后得到：

$$\ln q_{ict} = \chi_t - \sigma \ln P_{ict} + \varepsilon_{ict} \qquad (4-3)$$

这里要注意的是，$\chi_t = \ln E_t - \ln P_t$ 代表的是一个两维虚拟变量，不仅能控制仅随进口国变化和仅随时间变化的变量，还能控制同时随进口国和时间变化的变量。$\ln P_{ict}$ 表示企业 i 在 t 年从 c 国进口产品价格的对数；残差项 $\varepsilon_{ict} = (\sigma - 1)\ln\lambda_{ict}$，反映了企业 i 在 t 年从 c 国进口产品的质量因素。因此，根据回归结果将产品质量定义为：

$$quality_{ict} = \ln\hat{\lambda}_{ict} = \frac{\hat{\varepsilon}_{ict}}{\sigma - 1} = \frac{\ln q_{ict} - \ln\hat{q}_{ict}}{\sigma - 1} \qquad (4-4)$$

然后，参照施炳展和曾祥菲（2015）的做法，将式（4-4）进行标准化处理，则得到可以进行加总，且可以跨期、跨界面比较的标准化质量指标 $r\_quality$：

$$r\_quality_{ict} = \frac{quality_{ict} - minquality_{ict}}{maxquality_{ict} - minquality_{ict}} \qquad (4-5)$$

最终，将企业层面的进口中间品质量指标定义为：

$$Qua_{it} = \frac{value_{ict}}{\sum_{ict \in \Omega} value_{ict}} r\_quality_{ict} \qquad (4-6)$$

其中，Ω 代表某一层面的样本集合，$value_{ict}$ 代表样本的价值量。

在上述的测算过程中，如果直接对式（4-3）进行 OLS 回归，可能存在以下问题：第一，式（4-3）没有考虑企业进口中间品水平种类的问题；第二，内生性问题，即进口价格和进口数量可能存在双向因果关系。本章对此的解决方案如下：一是参考 Khandelwal（2010）的思路，通过加入出口方的 GDP 来控制产品水平种类；二是借鉴 Nevo（2001）、施炳展和曾祥菲（2015）的方案，用工具变量法解决内生性问题，即将企业 i 从 c 国以外的其他市场进口中间品的平均价格作为该企业从 c 国进口中间品价格的工具变量。但是，这样做的缺点是样本损失量巨大，故将其分析结果作为本章的稳健性检验结果。

3. 控制变量的设定和说明

企业规模（scale）。新贸易理论强调了规模经济的作用，多数文献的检验结果表明，企业规模与生产率之间呈现正向关系（孙晓华、王昀，2014）。目前常用的企业规模的衡量指标主要是企业销售收入、企业总资产和企业人数这三个指标。考虑到数据特征，本章以经济价格指数平减后的企业销售收入代表企业规模，取对数后加入计量方程。

企业年龄（age）。一个企业的生命周期会经历成长、成熟、衰退的阶段，处于不同阶段的企业，其生产经验和研发创新能力以及企业的生产率也存在差异（赵建春、毛其淋，2015）。借鉴毛其淋和许家云（2015）的一般做法，将企业数据的统计年份与开业年份相减得到企业的生存年龄。

市场竞争程度（hhi）。已有研究表明，竞争程度越大的市场，越能激励企业提高生产率。根据本章的数据，参考张杰等（2015b）的方法，本章采用4位码行业赫芬达尔指数[①]代替市场竞争程度。

企业出口强度（ei）。已有研究表明，企业可以通过"出口学习效应"影响其生产率，本章采用企业出口交货值与工业增加值的比值衡量出口强度，以控制出口对生产率的影响。

企业利润水平（rprofit）。企业的盈利能力也是影响企业生产率的因素之一，本章将企业的利润率定义为利润总值与当期总产值之比。

平均工资水平（pwage）。采用经济价格指数平减后的应付工资总额与企业从业人员总数的比值来衡量。

企业获得的政府补贴（subsidy）。对企业的补贴是否能改善企业生产效率是一个值得关注的问题，政府补贴对企业提升生产率水平给予了一个额外的助力，特别是对于生产效率较低的企业，但是否真的有效，还需进一步通过实证进行检验，本章采用补贴收入与企业增加值的比值

---

① 4位码行业赫芬达尔指数的计算公式为 $hhi = \sum_{j=1}^{n} \left(sale_{ij} \Big/ \sum_{i=1}^{n} sale_{ij} \right)^2$，其中，sale 表示行业 j 中企业 i 的销售收入，4位码行业的规模为该行业内企业总销售收入。

来衡量这一指标。

企业融资约束（*finance*）。企业的利息支出反映了企业的融资能力，企业的利息支出越多，说明企业的外部融资能力越强，面临的融资约束程度也就较小。李志远和余淼杰（2013）的研究表明，企业面临的融资约束越小则越有可能通过对外融资的方式提升自身的生产率。本章以企业利息支出除以当年固定资产总值来测算企业的融资约束。

此外，本章还加入了是否为国有企业（*SOE*）、年份、企业所处省份（地区）以及2位码行业的虚拟变量，以控制所有制企业差异、经济周期、地域特征和行业效应对企业生产率的影响。

4. 数据说明

本章的研究主要用到两个数据库。第一个是国家统计局2000～2006年的规模以上工业企业数据库，此数据库涵盖了中国所有的国有企业以及规模以上（即企业总产值超过500万元）的非国有企业。该数据库除了提供关于企业身份、所有制、就业人数、固定资产总值等方面的信息外，还记录了来自企业资产负债表、利润表及现金流量表中的100多个变量的详细信息。基于已有文献的做法，本章主要参照Brandt等（2012）的处理方法对原始数据进行处理，具体处理过程不再赘述，并在原始样本中删除采矿业，电力、燃气及水的生产和供应业数据，仅保留了制造业数据。本章主要按照Brandt等（2012）的方法对工业企业原始数据进行处理。Brandt等（2012）匹配处理工业企业数据库的逻辑如下：第一阶段，匹配两个连续的年份；第二阶段，匹配三个连续的年份，创造三年的平衡样本；第三阶段，创造一个十年的面板数据。考虑到中国在2003年开始实施新的《国民经济行业分类》，本章采用Brandt等（2012）的方法对工业行业分类（CIC）4位码进行了统一调整。除了上述的基本处理外，本章还将重要财务指标（如企业总资产、固定资产净值、销售收入和工业总产值）有遗漏的样本剔除，并参照谢千里等（2008）的做法剔除了以下样本：职工人数少于10人或缺失、累计折旧小于当期折旧、工业总产值小于0、成立年份早于记录年份或缺失的样本。另外，对于数据库中的名义变量，本章使用了Brandt等

（2012）提供的以 1998 年为基期的平减指数进行了调整。第二个是中国海关总署发布的产品层面的月度数据。本章首先将月度数据加总为企业每年的年度数据；然后，将 HS 8 位编码同国际 HS 96 版本的 6 分位编码对齐；最后，按照施炳展和曾祥菲（2015）的方法对海关贸易数据进行进一步的处理，以计算进口中间品质量。限于篇幅，具体的处理过程不在此赘述。关于进口中间品的识别，详见前文中间品贸易的统计标准。

关于两套数据库的匹配，本章借鉴 Yu（2015）以及毛其淋和许家云（2017）的做法，分两步进行合并：第一步，按照企业的中文名称和年份进行匹配；第二步，对第一步未匹配成功的样本，再按照邮政编码和企业电话号码的后七位进行匹配。根据两套数据库的合并结果，各主要变量的描述性统计详见表 4 - 1。①

表 4 - 1   2000～2006 年全样本变量描述性统计

变量	名称	均值	标准差	p5	p95
tfp	生产率（对数）	1.436	0.237	1.018	1.763
quality	进口中间品质量	0.556	0.125	0.252	0.765
scale	企业规模（对数）	10.890	1.358	8.937	13.34
age	企业年龄	9.739	15.320	2.000	26.000
hhi	赫芬达尔指数	0.0030	0.0041	0.0011	0.0072
finance	融资约束	0.040	0.462	- 0.009	0.144
subsidy	补贴强度	0.008	0.092	0.000	0.025
pwage	人均工资	17.400	15.350	5.455	42.820
rprofit	企业利润水平	0.032	0.181	- 0.131	0.213
ei	出口强度	2.697	4.556	0.000	7.859
SOE	是否为国有企业	0.036	0.187	0.000	0.000

资料来源：笔者计算。

---

① 选择 2000～2006 年的数据作为研究样本，其原因如下：一是这一时期中国企业特别是本土企业的进出口均处于一个显著的高速增长期；二是中国于 2001 年底加入 WTO，本章的样本数据正好涵盖了中国加入 WTO 前后期间，这就为本章观察中国加入 WTO 后的各种贸易壁垒的相对降低对中国企业进口的影响效应，提供了一个较为合理的观察期。

第二节　进口中间品质量对企业全要素生产率的影响估计

为了细化研究目标，使研究结果更可靠，本章不仅估计了进口中间品质量对企业生产率的总体影响效应，而且还进一步对分组样本进行估计，并在此基础上进行对比分析。在具体的分析过程中，本章根据企业所有制特征将总体样本区分为国有企业与非国有企业样本；根据企业贸易方式不同将总体样本区分为加工贸易企业与一般贸易企业子样本；根据企业生产率的异质性将企业分为低生产率企业和高生产率企业；根据企业进口中间品来源国不同将总体样本进口来源区分为经济合作与发展组织（OECD）国家和非 OECD 国家子样本。通过对比分析，揭示了进口中间品质量对不同类型企业全要素生产率的异质性影响，并对这种异质性表现进行了解释，从而扩展和丰富了本章的研究结论。此外，为避免内生性问题影响实证结果的稳健性，本章还分别选择了进口中间品关税、前期行业平均进口中间品质量作为工具变量进行了检验，以及改变进口中间品质量、企业生产率的测算方法等一系列方法进行了稳健性检验。

一　多重共线性检验

本章首先进行 OLS 回归，然后计算各变量的方差膨胀因子 VIF。结果显示，各变量的 VIF 均值为 1.07，VIF 的最大值为 1.17，远小于经验法则要求的最低数值 10。此外，进一步考虑到本章使用的面板数据的特征，VIF 分析的结果不能完全避免多重共线性问题，故又对全部变量进行了 Spearman 相关系数检验。根据表 4-2 的结果，所有变量的相关系数均在 0.3 以下，说明解释变量与控制变量之间的相关性较弱，排除了变量之间的多重共线性问题。

表 4 - 2　各主要变量的 Spearman 相关系数矩阵

变量	quality	scale	age	hhi	finance	subsidy	pwage	rprofit	ei
quality	1								
scale	-0.125***	1							
age	0.020***	0.142***	1						
hhi	0.037***	0.139***	0.036***	1					
finance	0.00400	0.012***	0.007*	-0.00100	1				
subsidy	0.007*	0.017***	0.034***	0.011***	0.00600	1			
pwage	-0.00100	0.217***	-0.023***	0.087***	-0.009**	0.00300	1		
rprofit	-0.007*	0.132***	-0.021***	0.021***	-0.010**	-0.008*	0.065***	1	
ei	-0.072***	-0.00200	-0.044***	-0.047***	0.008*	0.024***	-0.096***	-0.057***	1

注：***、**、*分别表示在 1%、5%、10% 的水平下显著。

二　基准回归结果

表 4-3 报告了上述计量模型的基准回归结果。回归模型（1）检验了企业生产率与进口中间品质量简单的正相关关系，模型（2）~模型（4）中进一步加入了企业规模、出口强度等控制变量，并且逐渐控制了行业效应、年份效应以及地区效应，回归结果表明，进口中间品质量的提高显著提升了企业的生产率。控制变量的回归结果显示：企业规模、人均工资以及利润水平与企业生产率之间的关系显著为正，这一点与郑亚莉等（2017）的研究结果相同；企业年龄和生产率之间的关系显著为负，表明年龄越大的企业的生产率越低，这也与张杰等（2015a）的研究结果一致。本章认为这些回归结果符合相应的经济理论和中国的现实情况。同样，赫芬达尔指数和企业生产率之间的关系显著为负，表明赫芬达尔指数越低即竞争程度越高的行业，企业的生产率则越高，这个结果也符合理论和现有文献的分析结果。此外，还有两点需要特别说明：一是，是否为国有企业的虚拟变量的回归系数显著为负，这个结果说明了非国有企业的生产率高于国有企业，这一点也符合中国的现实情况；二是，企业的出口强度与生产率之间显著为负的相关关系表明在未考虑进口活动的情况下，直接估计出口对生产率的作用很有可能导致出口对企业生产率的影响效应被高估甚至被扭曲，这和张杰等（2015a）的研究结果相同，进而说明本章的检验分析基本合理可信。

表 4-3　基准回归结果

变量	OLS				FGLS
	（1）	（2）	（3）	（4）	（5）
quality	0.0516 *** (0.0063)	0.0242 *** (0.0061)	0.0301 *** (0.0058)	0.0209 *** (0.0056)	0.0237 *** (0.0065)
scale		0.0930 *** (0.0011)	0.0957 *** (0.0010)	0.0964 *** (0.0010)	0.1004 *** (0.0006)
age		− 0.0006 * (0.0003)	− 0.0006 * (0.0003)	− 0.0005 ** (0.0003)	− 0.0003 *** (0.0000)

续表

变量	OLS				FGLS
	（1）	（2）	（3）	（4）	（5）
hhi		−6.565*** （0.412）	−6.774*** （0.459）	−6.806*** （0.470）	−36.67*** （1.909）
pwage		0.0020*** （0.0001）	0.0019*** （0.0001）	0.0021*** （0.0002）	0.0017*** （0.0000）
rprofit		0.201*** （0.0517）	0.199*** （0.0505）	0.198*** （0.0506）	0.151*** （0.0036）
ei		−0.0155*** （0.0007）	−0.0167*** （0.0008）	−0.0169*** （0.0008）	−0.0174*** （0.0001）
finance		0.0102*** （0.0027）	0.0103*** （0.0024）	0.0096*** （0.0020）	0.0083*** （0.0013）
subsidy		−0.133*** （0.0157）	−0.126*** （0.0155）	−0.130*** （0.0150）	−0.111*** （0.0064）
SOE		−0.102*** （0.0094）	−0.0984*** （0.0087）	−0.107*** （0.0080）	−0.115*** （0.0045）
常数项	0.371*** （0.0081）	0.443*** （0.0104）	0.325*** （0.0117）	0.374*** （0.0119）	0.541*** （0.0116）
行业固定效应	否	否	是	是	是
年份固定效应	否	否	否	是	是
地区固定效应	否	否	否	是	是
观测值	57037	57037	57037	57037	57037
Adj. R^2	0.297	0.463	0.549	0.571	0.826
F	11693	3209	1244	528	3708

注：***、**、*分别表示在1%、5%、10%的水平下显著；括号中为稳健标准误。

此外，考虑到计量模型可能存在异方差和自相关问题而影响研究结论，借鉴马述忠和吴国杰（2016）的做法，本章在 OLS 估计方法的基础上进一步对基准模型进行了 White 检验、BP 检验和 DW 检验，检验结果表明计量模型存在异方差和自相关问题。因此，本章采用 FGLS 估计方法对基准计量模型进行了重新估计，估计结果如表 4 − 3 的模型（5）所示。其中，核心解释变量进口中间品质量的回归系数依旧显著为正，主要控制变量的符号也基本没有发生改变，而且回归系数也同样显著。在此需要特别说明的是，FGLS 估计的拟合优度还得到了很大程度的提高，这在一定程度上证明了回归模型的稳健性。综上所述，基准回归结果表明，进口中间品质量与企业全要素生产率之间存在显著的正相关关系，这与已有文献和预期一致。

三　异质性分析

前文的基准回归考察的是进口中间品质量对企业全要素生产率的平均影响效应，而未考虑企业的异质性和进口中间品的异质性。下面本章分别从企业层面的异质性和进口中间品本身的异质性方面进行分析，以得到更有针对性的结论。

1. 企业层面的异质性

考虑到进口中间品质量对不同贸易方式和不同所有制类型企业的生产率可能会造成不同影响，本章借鉴 Bustos（2011）和许家云等（2017）的做法，通过在式（4-1）中分别加入进口中间品质量项与贸易方式虚拟变量和所有制虚拟变量的交互项，以深入考察上述问题。[①]

具体来说，为检验进口中间品质量对不同贸易方式的企业生产率的异质性影响，本章将企业划分为加工贸易企业（proce）、一般贸易企业和其他企业（qita）3 种类型[②]，以一般贸易企业作为基础类别。同理，为检验进口中间品质量对不同所有制类型企业的生产率的异质性影响，根据样本数据，本章将企业分为国有企业（soes）、外资企业（fore）及民营企业（private）三种类型[③]，并以外资企业作为基础类别。

---

① 既有文献在检验这一问题时，大都采取分样本分别进行回归的方法，本章的这种做法使回归的结果更有效。

② 借鉴 Tang 和 Zhang（2012）的方法，加工贸易企业包括来料加工贸易企业和进料加工贸易企业；一般贸易企业是指仅从事一般贸易的企业，即纯一般贸易企业；既不属于加工贸易也不属于一般贸易的企业定义为"其他"。

③ 不同所有制企业的识别方法：国有企业包括登记注册类型为 110 国有独资企业、141 国有合资企业、143 国有与集体联营企业、151 国有有限公司的企业，此外，对于登记注册类型为 130 股份合作企业、150 其他有限责任公司、160 股份有限公司的企业，根据企业实收资本判定其是否为国有企业，国有资本金占企业实收资本比重高于 50% 的企业为国有企业；将外商和港澳台资本金占实收资本的比重不低于 25% 的企业定义为外资企业（聂辉华、贾瑞雪，2011）；其余企业定义为民营企业。

具体的回归结果见表 4 – 4。首先，在贸易方式方面，从表 4 – 4 的第（1）列和第（2）列的回归结果来看，进口中间品质量对加工贸易企业生产率的影响力度大于一般贸易企业和其他贸易企业。对其可能的解释是：在中国的加工贸易企业中，外资企业占据的比例较大，跨国公司控制的企业具有更先进的技术和更强的学习能力，因而进口高质量的中间品可以产生更强的进口学习效应和技术溢出效应。其次，在企业所有制方面，从表 4 – 4 的第（3）列和第（4）列的回归结果来看，进口中间品质量对外资企业的生产率的影响较大，其次是民营企业，而对国有企业生产率的促进作用最小，且进口中间品质量对外资企业生产率的影响力度要远大于国有企业。上述现象可以归因于：国有企业和民营企业在享受政府政策方面是不同的。前者因为享受政府赋予的市场准入和出口退税、补贴等政策，并不需要依靠提高生产率来增加企业收益，导致生产率提升的内在动力缺失；而后者却面临着外部市场巨大的竞争压力和各种非竞争性歧视，只有通过提高生产率才能在市场竞争中立于不败之地。此外，根据 Freund 等（2011）的研究结果，外资企业进口中间品的技术含量和产品质量一般高于本土企业，因此其从进口中间品质量提升中获得的生产率提升作用较大。

表 4 – 4　基于企业异质性的回归结果

变量	贸易方式		企业类型	
	（1）	（2）	（3）	（4）
quality	0.0211 ***	0.0232 ***	0.0299 ***	0.0239 ***
	(0.0058)	(0.0057)	(0.0056)	(0.0058)
quality × proce	0.0029 **			
	(0.0015)			
quality × qita		– 0.0082 **		
		(0.0042)		
quality × soes			– 0.214 ***	
			(0.0164)	

续表

变量	贸易方式		企业类型	
	（1）	（2）	（3）	（4）
quality × private				− 0. 0203 ***
				（0. 0048）
scale	0. 0963 ***	0. 0964 ***	0. 0963 ***	0. 0949 ***
	（0. 0001）	（0. 0001）	（0. 0001）	（0. 0001）
age	− 0. 0005 **	− 0. 0005 **	− 0. 0005 **	− 0. 0009 **
	（0. 0003）	（0. 0003）	（0. 0003）	（0. 0004）
hhi	− 6. 853 ***	− 6. 872 ***	− 6. 861 ***	− 6. 879 ***
	（0. 524）	（0. 571）	（0. 530）	（0. 582）
pwage	0. 0021 ***	0. 0021 ***	0. 0021 ***	0. 0022 ***
	（0. 0002）	（0. 0002）	（0. 0002）	（0. 0002）
rprofit	0. 198 ***	0. 198 ***	0. 198 ***	0. 204 ***
	（0. 0506）	（0. 0506）	（0. 0505）	（0. 0511）
ei	− 0. 0169 ***	− 0. 0169 ***	− 0. 0169 ***	− 0. 0168 ***
	（0. 0008）	（0. 0008）	（0. 0008）	（0. 0008）
finance	0. 0096 ***	0. 0096 ***	0. 0096 ***	0. 0097 ***
	（0. 0020）	（0. 0019）	（0. 0019）	（0. 0019）
subsidy	− 0. 130 ***	− 0. 130 ***	− 0. 131 ***	− 0. 139 ***
	（0. 0150）	（0. 0150）	（0. 0150）	（0. 0162）
SOE	− 0. 107 ***	− 0. 107 ***		
	（0. 008）	（0. 008）		
常数项	0. 374 ***	0. 373 ***	0. 371 ***	0. 387 ***
	（0. 0118）	（0. 0119）	（0. 0119）	（0. 0124）
观测值	57037	57037	57037	57037
Adj. R^2	0. 571	0. 571	0. 570	0. 565

注：***、**分别表示在1%、5%的水平下显著；括号中为稳健标准误；各列均控制了行业固定效应、年份固定效应和地区固定效应。

2. 进口中间品的异质性

首先，为了考察来自不同国家的进口中间品的质量对企业生产率的不同影响，本章将中间品的进口国划分为 OECD 国家和非 OECD 国家。具体的回归结果见表 4 - 5 的第（1）列和第（2）列。第（1）列、第

（2）列的回归结果表明，从 OECD 国家和非 OECD 国家进口中间品的质量都能对企业全要素生产率产生显著正向影响，这一点说明了进口中间品的学习效应和互补效应同时存在，与钟建军（2016）的研究结论大致吻合。

其次，考察进口中间品自身技术含量对企业生产率的影响。本章将样本期内企业的进口中间品质量按照其中位数进行分类，将大于进口中间品质量中位数的界定为高质量的中间品，否则为低质量的中间品。表 4 - 5 的第（3）列、第（4）列的回归结果则表明，低质量的进口中间品未能有效提高企业的生产率，而高质量的进口中间品的产品质量每提升 1%，则会导致企业生产率显著提升 3.37%。

表 4 - 5　基于进口中间品异质性的分样本回归结果

变量	（1）	（2）	（3）	（4）
	OECD 国家	非 OECD 国家	高质量	低质量
quality	0.0216*** (0.0070)	0.0251*** (0.0095)	0.0337*** (0.0113)	-0.0172 (0.0132)
scale	0.0915*** (0.0012)	0.106*** (0.0015)	0.0947*** (0.0012)	0.0983*** (0.0013)
age	-0.0004* (0.0002)	-0.0011*** (0.0002)	-0.0003* (0.0002)	-0.0016*** (0.0001)
hhi	-6.361*** (0.403)	-6.716*** (0.425)	-6.465*** (0.432)	-6.893*** (0.485)
pwage	0.0022*** (0.0002)	0.0019*** (0.0003)	0.0022*** (0.0002)	0.0020*** (0.0002)
rprofit	0.200*** (0.0655)	0.184*** (0.0554)	0.237*** (0.0407)	0.161** (0.0736)
ei	-0.0161*** (0.0011)	-0.0181*** (0.0013)	-0.0174*** (0.0014)	-0.0166*** (0.0010)
finance	0.0096*** (0.0033)	0.0010*** (0.0023)	0.0104** (0.0045)	0.0090*** (0.0020)
subsidy	-0.150*** (0.0213)	-0.0858*** (0.0206)	-0.122*** (0.0150)	-0.149*** (0.0430)
SOE	-0.102*** (0.0080)	-0.104*** (0.0129)	-0.123*** (0.0082)	-0.065*** (0.0066)

变量	（1）	（2）	（3）	（4）
	OECD 国家	非 OECD 国家	高质量	低质量
常数项	0.422***	0.273***	0.374***	0.384***
	(0.0138)	(0.0246)	(0.0162)	(0.0166)
观测值	35961	21076	28517	28520
Adj. R²	0.557	0.592	0.545	0.599

注：＊＊＊、＊＊、＊分别表示在1％、5％、10％的水平下显著；括号中为稳健标准误；各列均控制了行业固定效应、年份固定效应和地区固定效应。

四　稳健性检验

1. 内生性问题分析

鉴于企业全要素生产率可能与进口中间品质量存在双向因果关系而导致内生性问题，本章进行了以下处理。

第一，工具变量回归。采取这种方法缓解内生性问题，选取合适的工具变量是关键。为了保证结果的稳健性，本章选取了两个工具变量：一是将进口中间品关税[①]作为进口中间品质量（quality）的工具变量（Yu and Li，2014），回归结果见表4－6的第（1）列；二是将上一期《国民经济行业分类》（GB/T 4754—2003）中3位码行业的平均进口中间品质量作为企业当期进口中间品质量的工具变量进行2SLS回归（许明、邓敏，2016），估计结果见表4－6的第（2）列。

第二，系统GMM回归方法。考虑到本章的动态面板数据特征，进一步采用两步系统GMM方法对模型进行估计以控制内生性问题，回归结果见表4－6的第（3）列。

表4－6的第（1）列和第（2）列的估计结果均表明进口中间品质量对企业全要素生产率有显著正向的效应。关于工具变量有效性的分析，当模型只存在一个内生解释变量时，第一阶段回归的F值大于10

---

① 关税数据来源于WTO网站，使用经过加权平均后的企业层面进口中间品关税作为进口中间品质量的工具变量。

是一个经验分割点（Staiger and Stock，1997）。本章第一阶段回归的 F 统计值为 72. 25，远远超过了 10，这说明本章的工具变量是有效的。表 4 - 6 的第（3）列的两步系统 GMM 的估计结果显示，主要变量的符号和显著性水平都没有发生太大变化，说明估计结果基本稳健。[①] 总之，内生性检验结果说明工具变量和系统 GMM 较好地解决了基准模型的内生性问题，且考虑到内生性后，回归结果依然是稳健的。

表 4 - 6　内生性检验

变量	（1）	（2）	（3）
	2SLS	2SLS	两步系统 GMM
L. *tfp*			0. 379 ***
			(0. 0189)
quality	0. 570 ***	0. 018 ***	0. 748 ***
	(0. 193)	(0. 002)	(0. 224)
常数项	0. 842 ***	0. 402 ***	0. 571 ***
	(0. 112)	(0. 361)	(0. 099)
控制变量	是	是	是
行业固定效应	是	是	是
年份固定效应	是	是	是
地区固定效应	是	是	是
观测值	56694	28693	28693
Adj. R^2	0. 270	0. 580	
AR（1）检验 p 值			0. 000
AR（2）检验 p 值			0. 646
Sargan 检验 p 值			0. 318

注：*** 表示在 1% 的水平下显著；括号中为稳健标准误；L. 表示滞后一期。

2. 其他稳健性检验

首先，自变量替换。借鉴 Nevo（2001）与施炳展和曾祥菲（2015）

[①]　AR（2）统计量的 p 值大于临界值，说明差分后的干扰项不存在二阶自相关性，由于 Sargan 统计量的 p 值也大于临界值，说明模型以及工具变量的选择是合理的，不存在过度识别问题。同时，滞后一期的企业生产率对应系数显著为正，这表明企业的生产率具有连续性，采用两步系统 GMM 方法进行估计具有一定的必要性。

的做法，将企业 i 对 c 国以外的其他市场进口中间品的平均价格作为该企业在 c 市场进口中间品价格的工具变量，重新测算进口中间品质量，代替前文中的进口中间品质量。自变量替换的检验结果见表 4 - 7 的第（1）列和第（2）列。

其次，因变量替换。本章采用 LP 方法重新计算了企业生产率 tfp_lp，然后用 tfp_lp 代替 tfp_op，表 4 - 7 的第（3）列和第（4）列显示了因变量替换的检验结果。表 4 - 7 的第（1）~（4）列的回归结果与前文的分析结果基本一致：提高进口中间品质量有助于促进中国制造业企业生产率的提升。

表 4 - 7　稳健性检验——变量替换

变量	自变量替换		因变量替换	
	（1）	（2）	（3）	（4）
quality	0.0280 ***	0.0158 **	0.0401 **	0.0431 **
	（0.0067）	（0.0064）	（0.0198）	（0.0182）
scale	0.0933 ***	0.0965 ***	0.657 ***	0.658 ***
	（0.0012）	（0.0011）	（0.0030）	（0.0030）
age	− 0.0007	− 0.0006	− 0.0001	− 0.0001
	（0.0005）	（0.0004）	（0.0000）	（0.0000）
hhi	− 3.359 ***	− 3.684 ***	− 39.52 ***	− 39.12 ***
	（0.350）	（0.380）	（4.065）	（4.053）
pwage	0.0019 ***	0.0021 ***	0.0040 ***	0.0043 ***
	（0.0001）	（0.0001）	（0.0003）	（0.0003）
rprofit	0.196 ***	0.195 ***	0.726 ***	0.722 ***
	（0.0656）	（0.0646）	（0.0906）	（0.0901）
ei	− 0.0155 ***	− 0.0168 ***	− 0.0377 ***	− 0.0368 ***
	（0.0008）	（0.0009）	（0.0103）	（0.0101）
finance	0.0093 ***	0.0090 ***	0.0590 ***	0.0592 ***
	（0.0026）	（0.0019）	（0.0094）	（0.0096）
subsidy	− 0.1220 ***	− 0.1180 ***	− 0.3180 ***	− 0.3180 ***
	（0.0147）	（0.0136）	（0.0807）	（0.0790）
SOE	− 0.0954 ***	− 0.1010 ***	− 0.1070 ***	− 0.1550 ***
	（0.0136）	（0.0106）	（0.0210）	（0.0164）
常数项	0.4350 ***	0.3670 ***	− 0.0976 ***	− 0.2050 ***
	（0.0109）	（0.0125）	（0.0280）	（0.0237）
行业固定效应	否	是	否	是

变量	自变量替换		因变量替换	
	（1）	（2）	（3）	（4）
年份固定效应	否	是	否	是
地区固定效应	否	是	否	是
观测值	44832	44832	169694	169694
Adj. R^2	0.482	0.590	0.674	0.760

注：＊＊＊、＊＊分别表示在1%、5%的水平下显著；括号中为稳健标准误。

第三节　分位数回归的结果与分析

标准 OLS 回归估计方法主要考察解释变量对被解释变量的条件期望的影响，实际上是对均值进行回归。"分位数回归"不仅提供条件分布的全面信息，还使用残差绝对值的加权平均作为最小化的目标函数（Koenker and Bassett，1978），放松了有关误差项在所有条件分布点同分布的强假设（Koenker，2005）。本章在考察了进口中间品质量对企业生产率的平均影响之后，还想深入探讨进口中间品质量对生产率不同的企业的影响有何差异。基于此，本部分采用分位数回归方法对前文的分析进行扩展。这样既可以进一步检验前文分析结果的稳健性，又可以发现 OLS 回归所不能反映出来的信息，进而使本章的实证分析更加充实。本章选择 5 个有代表性的分位点，它们是 10%、30%、50%、70% 和90%。本章采用分位数回归方法重新估计了前面的基准回归方程，结果如表4-8所示。

表4-8的结果证实了进口中间品质量对企业生产率有显著的提升作用。此外，本章还发现，随着分位数的不断提高，进口中间品质量的回归系数越来越小。这意味着，相比高生产率的企业，低生产率的企业能够从进口中间品质量中获益更多。具体来说，当10%的最低生产率组的进口中间品质量提高 1 个单位时，企业的生产率会提升 2.73%，当10%的最高生产率组的进口中间品质量提高 1 个单位时，企业的生

产率会提升 1.22%。也就是说，同时提高 1 个单位的进口中间品质量，生产率最低的 10% 企业平均增加的生产率将会比生产率最高的 10% 企业平均增加的生产率高出 1.51 个百分点，这就意味着全面提高进口中间品质量可以自动地缩小企业间生产率水平的差距。

表 4 - 8　分位数回归结果

变量	10%	30%	50%	70%	90%
quality	0.0273 **	0.0202 ***	0.0154 ***	0.0143 ***	0.0122 *
	(0.0112)	(0.0057)	(0.0056)	(0.0059)	(0.0070)
scale	0.1070 ***	0.0947 ***	0.0892 ***	0.0842 ***	0.0742 ***
	(0.0010)	(0.0007)	(0.0007)	(0.0009)	(0.0010)
age	-0.0012 ***	-0.0012 ***	-0.0013 ***	-0.0013 ***	-0.0012 ***
	(0.0002)	(0.0000)	(0.0001)	(0.0002)	(0.0005)
hhi	-49.07 ***	-38.73 ***	-32.83 ***	-25.39 ***	-18.85 ***
	(4.511)	(2.018)	(1.894)	(2.358)	(2.417)
pwage	0.0019 ***	0.0023 ***	0.0024 ***	0.0023 ***	0.0020 ***
	(0.0001)	(0.0000)	(0.0000)	(0.0000)	(0.0000)
rprofit	0.520 ***	0.473 ***	0.397 ***	0.312 ***	0.192 ***
	(0.0184)	(0.0124)	(0.0117)	(0.0140)	(0.0223)
ei	-0.0245 ***	-0.0222 ***	-0.0208 ***	-0.0188 ***	-0.0141 ***
	(0.0004)	(0.0003)	(0.0004)	(0.0005)	(0.0008)
finance	0.0079 ***	0.0088 *	0.0172 ***	0.0213 ***	0.0185 **
	(0.0016)	(0.0048)	(0.0058)	(0.0082)	(0.0072)
subsidy	-0.298 ***	-0.170 ***	-0.132 ***	-0.107 ***	-0.0876 ***
	(0.0457)	(0.0416)	(0.0158)	(0.0234)	(0.0168)
SOE	-0.0705 ***	-0.0671 ***	-0.0666 ***	-0.0658 ***	-0.0796 ***
	(0.0072)	(0.0051)	(0.0058)	(0.0053)	(0.0129)
常数项	0.295 ***	0.534 ***	0.652 ***	0.751 ***	0.942 ***
	(0.0211)	(0.0105)	(0.0099)	(0.0107)	(0.0103)
观测值	57037	57037	57037	57037	57037
Pseudo R^2	0.4219	0.4272	0.4147	0.3890	0.3318

注：＊＊＊、＊＊、＊分别表示在 1%、5%、10% 的水平下显著；括号中为自助抽样（Bootstrap）标准误；各列均控制了行业固定效应、年份固定效应和地区固定效应。

第四节 本章小结

本章利用中国工业企业数据库和海关贸易数据库 2000～2006 年的匹配数据，在测算了进口中间品质量和企业全要素生产率的基础上，深入考察了进口中间品质量对企业全要素生产率的影响，得到的主要结论包括以下方面。

第一，从总体上看，提高进口中间品质量可以显著提升企业的全要素生产率，在进行了工具变量、系统 GMM、变量替换以及分位数回归等一系列的分析后，结果依然是稳健的。

第二，进口中间品质量对不同类型企业的生产率的影响是不同的，提升进口中间品质量的重点在于非国有企业、外资企业和加工贸易企业。

第三，分样本的异质性分析结果表明，相比高质量的进口中间品，低质量的进口中间品不能产生较大的技术溢出效应和学习效应，因而不能提高企业的生产率。

第四，不管企业是从非 OECD 国家进口，还是从 OECD 国家进口，中间品质量的提升都可以促进企业生产率的提高。

第五，分位数回归的结果表明，相比高生产率企业，低生产率企业能够从进口中间品中获得更多好处，全面提高进口中间品质量可以自动地缩小企业间生产率水平的差距。

此外，本章的一系列实证检验的结果都显示了企业规模、利润水平、融资能力与企业生产率的关系显著为正，而政府补贴与企业生产率的关系显著为负，这表明政府补贴政策的有效性值得斟酌。

这一系列结论对中国制定合理的贸易政策以使企业更好地参与国际市场竞争、实现经济持续健康发展具有重要的启示意义。

首先，继续推进和深化中间品贸易自由化改革，对改善企业的生存环境和提高企业的生产效率是一项重要的政策举措；其次，要鼓励企业同时从 OECD 国家和非 OECD 国家进口中间品，充分发挥二者形成的互补效应；再次，激励生产率水平较低的企业进口中高质量的中间品，并通过对低生产率企业的培训或技术支持，促进其最大限度地吸收进口中间品质量的技术溢出效应，进而缩小企业间的生产率水平差距；最后，中国政府不仅要鼓励企业进口高质量的中间品，更重要的是激发企业的创新能力和研发能力，并且加大金融体制改革的力度，提高非国有企业的外部融资能力，同时斟酌制定对国有企业的补贴等政策，努力创造一个公平有效率的市场环境。

　　本章的研究仍存在一些不足之处，例如，在理论研究方面，本章对中间品进口的理论研究进行了梳理，为本章的经验研究分析提供了一定的理论机制。这样做虽然为本章的实证分析提供了理论基础，但是理论分析略显粗浅，尚不严谨。如何细化中间品进口对企业生产率的影响机制，还需要进一步探讨，特别是建立进口中间品质量对企业全要素生产率影响的理论模型，故本章的理论分析也有待深入。此外，关于进口中间品质量与企业生产率之间的关系，本章的研究只是使用较为简单的模型进行了初步检验，而没有考察相关的微观机制和影响路径，未来在数据允许的情况下有待使用更为先进的实证方法再次进行检验。

第五章

中间品进口、产品差异化程度与中国制造业企业成本加成提升

近年来，中国采取了一系列的"促进口"政策（详见表 5-1）。其中，鼓励先进技术设备和关键零部件等中间品进口是"促进口"政策的主要方向。习近平主席在 2017 年的中央经济工作会议上指出，2018年的经济工作部署包括"促进贸易平衡，更加注重提升出口质量和附加值，积极扩大进口，下调部分产品进口关税"。[①] 2019 年 11 月，习近平主席在第二届中国国际进口博览会上强调："中国将更加重视进口的作用，进一步降低关税和制度性成本，培育一批进口贸易促进创新示范区，扩大对各国高质量产品和服务的进口。"根据联合国的统计数据，自加入 WTO 以来，中国进口贸易进入跨越式增长阶段，2008 年中国进口贸易总额首次突破 10000 亿美元，并于 2018 年首次突破 20000 亿美元，达到 21356.37 亿美元的历史新高，大约是 2001 年的 9 倍。中国不仅进口规模快速扩张，进口产品的类别也在升级，以资本密集型、技术密集型产品为主，其中，资本品、中间品的进口占比达到了 90%（魏浩等，2019）。许家云等（2017）对中国中间品进口的研究表明，近年来，在中间品进口占当年进口总额的比重不断上升的同时，中国购买的

---

① 资料来源：《党报天天读：习近平定调 2018 中国经济》，人民网，2017 年 12 月 21 日，ht-tp://tv. people. com. cn/n1/2017/1221/c414398 – 29721423. html。

中间品逐渐占据全球供应链的上游位置。随着中间品进口贸易的不断增长，学者们和政策制定者对其的关注度也在逐渐提高，目前其已成为国际贸易研究的热点之一。

表 5 - 1　近年来中国出台的鼓励进口的政策

政策来源	政策内容
《对外贸易发展"十二五"规划》	进一步扩大进口规模，扩大先进技术设备、关键零部件进口，促进国内技术创新，扩大国内短缺能源、资源和原材料的进口，保障市场供应
2012 年《国务院关于加强进口促进对外贸易平衡发展的指导意见》	进一步优化进口商品结构，积极扩大先进技术设备、关键零部件和能源原材料的进口，适度扩大消费品进口，进一步优化进口国别和地区结构，鼓励从最不发达国家进口，扩大从发展中国家进口，拓展从发达国家进口
党的十八大报告	扩大进口规模
2013 年 7 月 24 日《国务院关于促进进出口稳增长、调结构的若干意见》	要积极扩大进口，鼓励企业进口先进设备和技术
2014 年 10 月 23 日《国务院办公厅关于加强进口的若干意见》	要实施积极的进口促进战略
《2016 年政府工作报告》	中国的外贸政策逐步实现由"奖出限入"向"优进优出"转变，实施更加积极的进口政策，扩大先进技术设备、关键零部件及紧缺能源原材料进口
《对外贸易发展"十三五"规划》	实行积极的进口政策，鼓励先进技术设备和关键零部件进口，稳定资源性产品进口，合理增加一般消费品进口
2017 年 12 月 20 日中央经济工作会议	2018 年要积极扩大进口，下调部分产品进口关税，继续推进自由贸易试验区改革试点
2018 年 7 月《关于扩大进口促进对外贸易平衡发展的意见》	聚焦进口环节突出困难和问题，立足于优化进口结构、优化国际市场布局、积极发挥多渠道促进作用、改善贸易自由化便利化条件，提出了 15 条具体政策
2020 年 10 月党的十九届五中全会	积极促进内需和外需、进口和出口、引进外资和对外投资协调发展，促进国际收支基本平衡；优化国内外市场布局、商品结构、贸易方式，增加优质产品进口
2021 年 3 月《中华人民共和国国民经济和社会发展第十四个五年规划和 2035 年远景目标纲要》	降低进口关税和制度性成本，扩大优质消费品、先进技术、重要设备、能源资源等进口，促进进口来源多元化

资料来源：笔者整理。

通过本书第一章梳理的文献发现，尚未有学者深入到产品层面来研究或识别进口对企业成本加成的影响。本章则从开放的视角深入到产品差异化程度的视角来考察中间品进口与企业成本加成的关系，补充现有关于中国企业成本加成的相关研究。事实上，不同行业对中间投入品的依赖程度不一样，有些行业更侧重劳动和资本，这可能导致中间投入品对成本加成影响的差异。进一步地，由于不同行业内产品差异化程度不同以及市场集中度不同，中间品进口的技术溢出效应不同，因而对企业成本加成产生不同的影响。如钱学锋等（2016a）的研究表明，整体上进口竞争对企业成本加成有显著负向影响，但是在竞争程度低的行业，进口竞争加剧会刺激企业进行技术效率改进，这反而提高了企业的成本加成。据此，本章将利用中国的微观数据，深入到产品层面，以探究进口中间品差异化程度、市场集中度对企业成本加成的影响，一方面可以客观评估中国中间品进口战略的微观成效，另一方面也可以为政府及企业的决策提供有益的参考依据。

第一节　中国进口中间品的现状介绍

中国作为世界加工厂，长期处于全球价值链的低端环节。为改善这种境况，中国企业积极加入全球的生产分工体系，对大量进口机器设备以及关键零部件等中间投入品进行加工组装并出口。一方面带动了出口增长，另一方面通过学习国外的先进技术，提高了本国企业的生产效率和竞争优势。2010 年和 2013 年，中国相继成为世界第一制造业大国和第一大货物贸易国（彭支伟、张伯伟，2017），2017 年中国又成为世界第一大贸易国。与此同时，中国的进口贸易也出现了跳跃式增长。根据联合国的统计数据，中国的进口总额从 1978 年的 108.9 亿美元增长至2014 年的 19592.3 亿美元，年均增速为 15.5%。此外，在 2003～2013年的十年时间，中国进口总额从 2250.0 亿美元增加到 19499.9 亿美元，增长了 7.67 倍。根据表 5-2，中国进口占世界总进口的比重则从 2000年的 3.35% 上升至 2013 年的 10.23%，增幅为 6.88 个百分点；总的进口规模在世界的排名从第 8 位上升至第 2 位，直至 2018 年始终位居全球第二，同时中国进口占世界总进口的份额达到了 10.75%。与此同时，中间投入品进口占全部进口的比重也大幅上升，在 2004～2011 年，中国中间品进口占总进口的比重竟然超过了 80%。目前，中国已跻身于世界上主要的进口贸易国，而且中国的进口贸易是以中间投入品的进口为主。根据中国的现实情况，外资企业在中国外贸特别是中间品贸易中起到了非常大的作用。2016 年商务部发布的《中国对外贸易形势报告（2016 年秋季）》显示，2016 年前三季度外资企业进口额占进口总额的比重达到了 48.8%，与此同时，中国本土企业特别是民营企业的进口也在不断增长，其中 2016 年前三季度民营企业进口增长率为 9.3%。

表 5 - 2　1979～2018 年中国进口占世界总进口的份额及排名

单位：%，位

年份	中国进口份额	中国进口排名	年份	中国进口份额	中国进口排名
1979	0.92	24	1999	2.80	10
1980	0.96	22	2000	3.35	8
1981	1.06	22	2001	3.76	6
1982	0.99	23	2002	4.38	6
1983	1.13	20	2003	5.25	3
1984	1.36	17	2004	5.86	3
1985	2.10	18	2005	6.07	3
1986	1.94	11	2006	6.35	3
1987	1.67	14	2007	6.66	3
1988	1.86	14	2008	6.82	3
1989	1.85	14	2009	7.86	3
1990	1.48	18	2010	8.99	2
1991	1.76	15	2011	9.41	2
1992	2.07	13	2012	9.70	2
1993	2.67	11	2013	10.23	2
1994	2.61	11	2014	10.24	2
1995	2.50	12	2015	10.00	2
1996	2.50	12	2016	9.76	2
1997	2.48	12	2017	10.22	2
1998	2.47	11	2018	10.75	2

资料来源：《2019 中国进口发展报告》。

《2020 中国进口发展报告》显示，2001～2019 年，中国货物进口总额增量占全球货物进口增量的比重达到 14.3%，仅次于欧盟。2019 年，中国货物进口总额占世界进口总额的比重达到 10.8%。2020 年前 10 个月，这一比重达到 11.5%，创历史最高水平。与此同时，中国已经成为世界许多国家和地区的主要出口目的地，中国进口占主要贸易伙伴出口的比重继续呈现增加态势。中国进口规模的扩大，既显著促进了与中国贸易往来较为密切的国家、共建"一带一路"国家、经济合作与发展组织（OECD）国家、中低收入国家的经济增长，又为相关国家创造了更多就业机会。

第二节　企业成本加成变化的典型事实与研究假说

中国对外贸易的高速增长并不必然意味着高质量、高效益的增长。目前来看，中国对外贸易发展主要是依靠成本价格优势带来的粗放式的数量增长，而不是通过出口产品质量升级和企业效益提高带来的附加值提升。因此，随着国内人口红利的逐渐消失以及面临的资源环境约束的加大，中国经济亟待转型升级。传统的经济增长理论和贸易理论均以企业的同质性为理论假设。随着经济的发展，越来越多的事实表明，企业竞争力不仅仅取决于外生的市场结构，更多的来源于企业内部的要素禀赋的差异性（吴国杰，2017）。如张进财和左小德（2013）认为，企业竞争力是其经营能力、开放市场需求能力、利用生产要素的能力和潜在的发展能力等的综合体现。其中，成本加成（加成率）既反映了企业的市场势力，也可以衡量企业的利润率，进而反映企业的动态竞争能力。本节将根据中国制造业企业成本加成的测算结果，提炼其典型事实，进而提出中间品进口与企业成本加成之间关系的研究假说。

一　典型事实分析

利用第三章第二节的测算方法，并结合中国制造业企业的生产数据，本章可以计算得到 2000～2006 年企业的成本加成。考虑到行业的异质性，本章对所有 2 分位制造业行业进行了逐个估计，在估算企业成本加成之后，本章通过绘制直方图等方法选择双边截尾方式对数据进行处理，剔除了位于样本成本加成前后 1% 的异常企业。表 5 – 3 给出了 2000～2006 年 29 个制造业行业层面的成本加成，可以看到，本章与 Lu 和 Yu（2015）以及岳文（2017）的计算结果比较接近，说明本章的测算结果相对比较可信。

1. 中国制造业企业成本加成的变化趋势

从行业层面上看，2000～2006 年，中国制造业企业的成本加成总体上呈现逐年上升的趋势，由 2000 年的 1.200 上升到 2006 年的 1.538，上升幅度为 28.17%（见表 5 – 3）。这意味着自 2000 年以来，中国制造业企业的成本加成在不断上升。

表 5 – 3　2000～2006 年中国制造业 2 分位行业的成本加成

行业	2000 年	2001 年	2002 年	2003 年	2004 年	2005 年	2006 年
农副食品加工业	1.220	1.246	1.261	1.304	1.339	1.417	1.493
食品制造业	1.284	1.295	1.290	1.337	1.362	1.424	1.484
饮料制造业	1.064	1.065	1.040	1.070	1.103	1.148	1.205
烟草制品业	1.652	1.587	1.665	1.745	1.960	1.853	1.942
纺织业	1.136	1.155	1.215	1.228	1.242	1.307	1.331
服装、鞋、帽制造业	1.159	1.172	1.164	1.202	1.278	1.350	1.383
皮革、毛皮、羽绒及其制品业	1.151	1.156	1.147	1.180	1.235	1.257	1.308
木材加工及木竹、藤、草制品业	1.541	1.490	1.496	1.722	1.989	2.431	2.839
家具制造业	1.197	1.226	1.309	1.404	1.572	1.810	1.918
造纸及纸制品业	1.305	1.318	1.370	1.450	1.574	1.705	1.807
印刷业和记录媒介的复制	1.311	1.324	1.370	1.445	1.626	1.781	1.892
文教体育用品制造业	1.351	1.361	1.381	1.452	1.586	1.746	1.814
石油加工、炼焦及核燃料加工业	0.874	0.865	0.828	0.834	0.853	0.825	1.341
化学原料及化学制品制造业	1.151	1.202	1.240	1.268	1.290	1.312	1.361
医药制造业	1.253	1.300	1.347	1.393	1.421	1.462	1.534
化学纤维制造业	1.185	1.202	1.241	1.249	1.230	1.244	1.294

续表

行业	2000 年	2001 年	2002 年	2003 年	2004 年	2005 年	2006 年
橡胶制品业	1.152	1.197	1.248	1.299	1.311	1.332	1.403
塑料制品业	1.163	1.233	1.264	1.348	1.489	1.550	1.637
非金属矿物制品业	1.232	1.242	1.281	1.376	1.553	1.709	1.853
黑色金属冶炼及压延加工业	1.175	1.209	1.225	1.225	1.174	1.158	1.161
有色金属冶炼及压延加工业	1.083	1.100	1.124	1.113	1.065	1.043	1.059
金属制品业	1.094	1.126	1.154	1.129	1.065	1.046	1.051
通用设备制造业	1.087	1.139	1.193	1.297	1.423	1.502	1.547
专用设备制造业	1.233	1.304	1.351	1.460	1.656	1.763	1.869
交通运输设备制造业	1.157	1.210	1.240	1.279	1.329	1.344	1.370
电气机械及器材制造业	1.056	1.080	1.087	1.076	1.054	1.022	1.030
通信设备、计算机及其他电子设备制造业	1.078	1.108	1.110	1.161	1.205	1.211	1.241
仪器仪表及文化、办公用机械制造业	1.192	1.273	1.331	1.466	1.600	1.700	1.760
工艺品及其他制造业	1.277	1.330	1.386	1.451	1.531	1.616	1.677
行业均值	1.200	1.225	1.254	1.309	1.383	1.451	1.538

资料来源：根据 2000～2006 年中国工业企业数据库计算整理得到。

2. 产品差异化程度不同的企业平均成本加成及其差距

根据 Rauch（1999）的产品差异化程度数据，本章将行业分为产品差异化程度小的行业（也称同质性产品行业）和产品差异化程度大的行业（也称异质性产品行业）。[①] 进一步将产品差异化程度不同的企业进行对比（见表 5-4），发现产品差异化程度小的企业的成本加成低于产品差异化程度大的企业。此外，平均而言，2000～2006 年，产品差异化程度较小的企业成本加成的增长率为 20.40%，产品差异化程度较大的企业成本加成的增长率为 22.44%，两者相差 2.04 个百分点，这意味着产品差异化程度较大的企业成本加成的提升速度快于产品差异化程度较小的企业。表 5-4 仅是对原始大样本数据的均值分析，为了充分

---

① 同质性产品行业是指在交易所或者行业清单中能看到产品指导价格的行业；异质性产品行业是指产品能够细化为非常复杂的单元的行业，它们并没有一个统一的指导价格。

全面地展示原有数据的整体信息，本章还绘制了核密度分布图。图 5 -
1 显示，产品差异化程度大的企业成本加成分布曲线较靠右，说明产品
差异化程度大的企业成本加成显著大于产品差异化程度小的企业。

表 5 - 4　2000～2006 年产品差异化程度不同的企业成本加成的变化趋势

	2000 年	2001 年	2002 年	2003 年	2004 年	2005 年	2006 年	均值	增长率（%）
整体	1.197	1.231	1.259	1.312	1.382	1.408	1.453	1.320	21.39
产品差异化程度小	1.196	1.228	1.254	1.309	1.383	1.405	1.440	1.316	20.40
产品差异化程度大	1.199	1.234	1.267	1.316	1.381	1.413	1.468	1.325	22.44

资料来源：笔者计算。

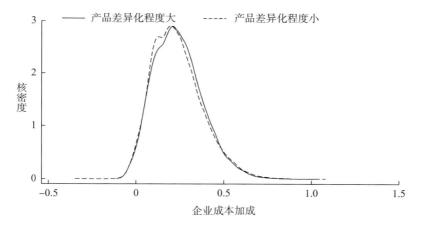

图 5 - 1　产品差异化程度不同的企业成本加成核密度分布

资料来源：根据 2000～2006 年中国工业企业数据的计算结果，用 Stata 13.0 绘制。

3. 市场集中度不同的企业平均成本加成及其差距

表 5 - 5 主要针对不同市场集中度的行业，对企业的成本加成进行
统计性比较。其中，市场集中度高的行业，企业平均成本加成要高于市
场集中度低的企业，而且行业市场集中度高的企业的成本加成的增长率
也高于行业市场集中度低的企业。为了更直观地观察不同行业市场集中
度的企业成本加成的差异，本章也绘制了核密度分布图。从图 5 - 2 很
明显可以看出，市场集中度高的企业成本加成分布曲线较靠右，说明市
场集中度高的企业成本加成显著高于市场集中度低的企业。

表 5 – 5　2000 ~ 2006 年市场集中度不同的企业成本加成的变化趋势

	2000 年	2001 年	2002 年	2003 年	2004 年	2005 年	2006 年	均值	增长率（%）
整体	1.197	1.231	1.259	1.312	1.382	1.408	1.453	1.320	21.39
市场集中度低	1.181	1.212	1.238	1.284	1.353	1.383	1.415	1.295	19.81
市场集中度高	1.213	1.250	1.280	1.339	1.413	1.436	1.476	1.344	21.68

资料来源：笔者计算。

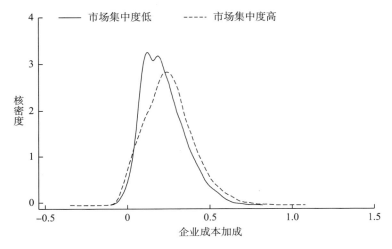

图 5 – 2　市场集中度不同的企业成本加成核密度分布

资料来源：根据 2000 ~ 2006 年中国工业企业数据的计算结果，用 Stata 13.0 绘制。

二　研究假说

改革开放初期，中国实行的是"奖出限入"的贸易政策，但是 20 世纪 90 年代以来，中国开始实施贸易化改革，并于 2001 年 12 月正式成为 WTO 成员，以融入多边贸易体制并发展市场经济制度。自此，中国的贸易模式由"奖出限入"出口导向型的贸易模式向"优进优出"的双向贸易自由化模式转变。随着进口贸易自由化的发展，中国进口中间品贸易值在不断上升，这也在很大程度上影响了企业的市场行为和绩效。一方面，进口中间品可以通过多种渠道影响企业的产品价格和边际成本，进而对企业的成本加成产生影响。已有学者的研究表明，企业进口的中间品是外国企业的研发投入、新知识和高技术水平的载体，有着更高的质量水平（Blalock and Veloso，2007；Amiti and Konings，2007）。同时，企业投入的中间品的质量越高，则生产出来的最终产品的质量也越高（Kugler and Verhoogen，2012）。由此可见，进口中间品可以提高企业的产品质量，而企业的产品质量越高，则它与市场中现存产品的差异化程度就越大，因此降低了产品的需求弹性，提高了企业的垄断能力，进而提升企业的成本加成（毛其淋、许家云，2017）。另一方面，进口中间品还可以通过提高企业的生产率来影响企业生产的边际成本。已有大量文献的研究验证了进口中间投入品种类的增加和质量的提升有利于提升企业的生产效率，如 Kasahara 和 Rodrigue（2008）对智利、Topalova 和 Khandelwal（2014）对印度、Halpern 等（2015）对匈牙利以及 Brandt 等（2017）对中国的研究都表明了进口中间品会显著提高企业生产率。而生产率又会影响企业生产的边际成本（Bernard et al.，2003；Melitz and Ottaviano，2008），即生产率越高的企业，其边际成本越低，进而具有较高的成本加成。据此，本章预期，进口中间品提高了企业的成本加成。

通过上述分析，本章可以发现，进口中间品主要通过产品质量升级和生产率提升的渠道影响企业成本加成。而进一步考虑到产品差异化程度的不同，则进口中间品对企业生产率和产品质量的影响会有差异。首先，对于产品差异化程度较小或者说同质性行业而言，企业面临的竞争程度较强，企业是价格的接受者，很难通过改变价格来提高成本加成；其次，由于同质性行业产品相似性极大，所以同质性行业从进口的同行业及上下游产品中获得的技术外溢较小。相反，对于产品差异化程度较大的企业来说，企业面临的市场竞争程度较弱，企业可以通过维持垄断地位而获利。此外，产品差异化程度较大的企业，通过对进口的上下游产品的技术外溢的吸收和研发，不断提高生产效率和产品质量，以实现企业成本加成的提升。故考虑到产品差异化程度的不同，差异化程度较大的行业从技术外溢中获利更多，进口中间品的技术外溢效应对产品差异化程度较大的行业更显著。

根据上述分析，本章提出如下两个待检验的研究假说。

假说1：在其他条件不变的情况下，进口中间投入品有利于提高企业成本加成。

假说2：考虑到行业的产品差异化程度不同，中间投入品进口对产品差异化程度较大的企业的成本加成的提升作用更大。

很明显，产品差异化程度不同的行业，市场集中度不同，竞争程度也不同。然而，较高的市场集中度对企业技术研发具有促进作用。对于差异化程度较大的行业，随着企业市场份额的增加，企业的规模更大，能够获取更多的利润，从而投入更多的资金进行研发和学习，以吸纳进口中间品的技术外溢，用以提高企业生产效率和产品质量，促进企业成本加成的提升。因此高度集中的市场能够帮助企业从技术外溢中获利。综合以上分析，本章提出第三个待检验的研究假说。

假说3：在其他条件不变的情况下，市场集中度强化了中间品进口对产品差异化程度大的企业成本加成的提升作用。

第三节　计量模型构建、变量选择与数据说明

现有研究关于进口中间品对企业成本加成的影响并未得到统一的结论，即并不能直接得出进口中间品必然降低或提高中国制造业企业成本加成的结论，而本章深入到产品差异化程度的异质性层面，探讨了进口中间品对产品差异化程度不同的企业的异质性影响，开辟了新的研究视角。本节将构建计量模型检验进口中间品与企业成本加成之间的关系。此外，本章用到的数据库除了工业企业数据库和海关贸易数据库外，还增加了一个识别产品差异化程度的数据库，三套数据库的处理和匹配方法也是本节的重点内容之一。

一　模型构建

为了检验进口中间品对企业成本加成的影响，即验证假说1是否成立，本章采用如下的计量模型设定：

$$\ln mkp_{it} = \beta_0 + \beta_1 input_{it} + \gamma X_{it} + \eta_t + \mu_j + \delta_p + \varepsilon_{it} \qquad (5-1)$$

其中，下标 i、j、t 和 p 分别表示企业、行业、年份和地区，mkp 表示企业成本加成，其测算方法如本书第三章第二节所示。$input$ 表示中间投入品进口额，由于海关贸易数据库提供的是以美元为结算单位的数据，本章将其按照每年的实际汇率折算成人民币并取对数后纳入方程。X 为影响企业成本加成的其他因素，具体包括全要素生产率（tfp），采用改进的 OP 方法进行测算（取对数）；企业规模（$scale$），用企业从业人员总数（取对数）代表；出口虚拟变量（exp），如果出口交货值大于 0，则 exp 取值为 1，否则为 0；国有企业虚拟变量（SOE）和外资企业虚拟变量（FOR），如果企业的所有制类型是国有企业①（外资企业②），则 SOE（FOR）取值为 1，否则为 0。计量模型还控制了年份固定效应（η_t）、省份固定效应（δ_p）和行业固定效应（μ_j），ε_{it} 表示随机误差项。各主要变量的描述性统计见表 5-6。

表 5-6　2000～2006 年各主要变量的描述性统计

变量	名称	均值	标准差	p5	p95
$lnmkp$	成本加成（对数）	0.242	0.140	0.0408	0.496
$input$	进口中间品（对数）	12.56	2.773	7.069	16.39
tfp	生产率（对数）	1.430	0.237	1.010	1.752
exp	出口虚拟变量	0.797	0.402	0	1
NC	产品差异化程度（保守方法）	0.620	0.485	0	1
NL	产品差异化程度（自由方法）	0.581	0.493	0	1
hhi	赫芬达尔指数	0.0203	0.0376	0.0008	0.0682
$scale$	企业规模（对数）	5.581	1.175	3.761	7.625

---

① 根据《中国城市统计年鉴 2006》，国有企业包括国有独资企业（编号：110）、国有合资企业（编号：141）、国有和集体所有合资企业（编号：143），以及国有有限公司（编号：151）。

② 外资企业包括中外合资经营企业、中外合作经营企业、外商独资企业和外商独资有限股份公司。这里的外商包括中国的香港、澳门和台湾。

变量	名称	均值	标准差	p5	p95
SOE	国有企业虚拟变量	0.0374	0.190	0	0
FOR	外资企业虚拟变量	0.796	0.403	0	1
tari	企业投入品关税（对数）	2.274	0.579	1.405	3.043

资料来源：笔者计算。

此外，本章采用 De Loecker 和 Warzynski（2012）的方法来测算企业成本加成，具体的测算过程如第三章第二节所示。

二　数据说明

本章在指标测算和实证分析中使用了三类微观数据：工业企业数据、海关贸易数据和产品差异化程度数据。第一个数据库来自国家统计局 2000～2006 年的规模以上工业企业调查数据，该数据库提供了关于企业身份、所有制、就业人数、固定资产总值以及企业的成本收益等方面共计 100 多个变量的详细信息。基于已有文献的贡献，本章主要参照 Brandt 等（2012）的处理方法对原始数据进行预处理，具体处理过程不再赘述，并在原始样本中删除采矿业，电力、燃气及水的生产和供应业数据，仅保留了制造业进行研究。考虑到中国在 2003 年开始实施新的《国民经济行业分类》，本章采用 Brandt 等（2012）的方法对工业行业分类（CIC）4 位码进行了统一调整。除了上述的基本处理外，本章还将重要财务指标（如企业总资产、固定资产净值、销售收入和工业总产值）有遗漏的样本剔除，并参照谢千里等（2008）的做法剔除了以下样本：职工人数少于 10 人或缺失、累计折旧小于当期折旧、工业总产值小于 0、成立年份早于记录年份或缺失的样本。另外，对于数据库中的名义变量，本章使用了 Brandt 等（2012）提供的以 1998 年为基期的平减指数进行了调整。第二个数据库为来自中国海关总署的高度细化的海关数据。本章将 HS 8 位编码同国际 HS 96 版本的 6 分位编码对齐，并根据 Ahn 等（2011）的方法，删除了企业名称中含有"贸易""进出口""商贸"等关键词的贸易公司样本。关于进口中间品的识别，详见前文中间品贸易的统计标准。第三个数据为 Rauch（1999）的产品差异化程度数据。基于 SITC 标准，Rauch（1999）使用保守的方法（con）和宽松（也称自由）的方法（lib）将贸易商品分为三类：同质性且在交易所交易的商品（W）、同质性且拥有指导价格的商品（R）及异质性商品（N）。本章在此基础上进行了修订，将贸易商品分为两类，即异质性商品（N）和同质性商品（H），其中同质性商品（H）包括在交易所交易的商品（W）和拥有指导价格的商品（R）。

关于三套数据的匹配，本章的做法是先将工业企业数据和海关贸易数据进行匹配，然后将匹配成功的数据与产品产异化程度数据进行合并。首先，匹配工业企业数据和海关贸易数据。具体的匹配方法见前文的数据说明，此处不再赘述。其次，将产品差异化程度数据与上述两套数据库的匹配数据进行合并。由于三套数据的分类标准不同，在合并的过程中，要将不同的分类标准进行转换，本章使用了联合国统计局网站上的数据转换和对应表①，参考鲁晓东（2014）的做法，将 HS 6 位码的产品层面数据与 Rauch（1999）的产品差异化程度数据合并起来。

第四节　进口中间品差异化程度与企业成本加成的实证分析

中国加入世界贸易组织以来，中间品进口规模迅速扩张，那么这对制造业企业的加成率产生了怎样的影响？影响程度如何？为解答这一系列问题，本章深入到产品层面，从进口中间品差异化程度角度提出了研究假说。本节将重点探讨对上文提出假说的识别方法，主要是通过引入交互项的方法来构建检验模型，并采用两阶段最小二乘法 2SLS 进行内生性分析。此外，为了进一步考察进口中间品差异化程度对企业成本加成的影响机制，本节引入了市场集中度这一变量，结果发现

---

① 参见 https://unstats. un. org/unsd/trade/classifications/correspondence – tables. asp。

市场集中度强化了中间品进口对产品差异化程度较大的企业成本加成的提升作用。

一 多重共线性检验

计量模型的设定要考虑多重共线性问题，因为多重共线性会引起参数估计量的经济含义和变量的显著性检验失去意义等问题。本章首先对主要变量进行正态性检验，结果表明基本服从正态分布；然后进行 OLS 回归，计算各变量的方差膨胀因子 VIF，结果显示各变量的 VIF 均值为 1.20，VIF 的最大值为 1.33，远小于经验法则要求的最低数值 10。但由于本章使用了面板数据，VIF 分析难以有效证明不存在严重多重共线性，所以进一步进行 Spearman 相关系数检验，表 5-7 的结果显示，所有变量的系数均在 0.4 以下，这表明变量间不存在严重的多重共线性问题。

二 基准回归结果

表 5-8 是方程（5-1）混合最小二乘法（POLS）的基准回归结果。模型（1）检验了企业成本加成与进口中间品之间简单的正相关关系；模型（2）中加入了企业生产率、出口虚拟变量等企业和行业层面的控制变量；模型（3）～模型（5）是在模型（2）解释变量的基础上，进一步控制年份效应、行业效应以及地区效应的影响。模型（2）～模型（5）的回归结果表明，进口中间品与企业成本加成之间的正向关系十分稳健。此外，模型（4）是在模型（3）的基础上增加了行业固定效应的影响，而调整的 R^2 从 19.6% 增加到 69.7%，这说明行业因素在企业成本加成的决定因素中起到了重要作用，也为本章下面从产品差异化程度的视角分析进口中间品对企业成本加成的影响提供了合理的证据。最后，为了保证回归结果的稳健性，模型（6）采用固定效应回归方法（FE）进行检验，同时控制了年份、行业、地区以及企业固定效应，回归结果显示，进口中间品与企业成本加成之间依然是正相关关系。关于其他控制变量，表 5-8 的初步回归结果表明，企业生产

表 5 - 7　各主要变量的 Spearman 相关系数矩阵

变量	lnmkp	input	tfp	exp	NC	hhi	scale	SOE	FOR	tari
lnmkp	1									
input	0.067***	1								
tfp	0.242***	0.182***	1							
exp	-0.057***	0.148***	-0.043***	1						
NC	-0.015***	-0.137***	0.022***	-0.025***	1					
hhi	0.079***	-0.069***	0.016***	-0.056***	0.040***	1				
scale	0.088***	0.244***	0.146***	0.175***	0.043***	-0.030***	1			
SOE	-0.002	-0.070***	-0.007	-0.018***	0.038***	0.080***	0.269***	1		
FOR	-0.043***	0.260***	-0.045***	0.057***	-0.019***	-0.069***	-0.249***	-0.365***	1	
tari	-0.180***	-0.044***	-0.100***	0.094***	-0.019***	-0.133***	-0.006***	-0.055***	0.044***	1

注：***、*分别表示在1%、10%的水平下显著。

表 5 - 8　进口中间品对企业成本加成的影响（基准回归结果）

变量	POLS					FE
	（1）	（2）	（3）	（4）	（5）	（6）
input	0.0034 ***	0.0014 ***	0.0020 ***	0.0058 ***	0.0059 ***	0.0046 ***
	（0.0002）	（0.0002）	（0.0002）	（0.0001）	（0.0001）	（0.0002）
tfp		0.132 ***	0.139 ***	0.168 ***	0.167 ***	0.0461 ***
		（0.0028）	（0.0027）	（0.0024）	（0.0024）	（0.0018）
exp		- 0.0210 ***	- 0.0255 ***	- 0.0096 ***	- 0.0090 ***	- 0.0039 ***
		（0.0014）	（0.0012）	（0.0009）	（0.0009）	（0.0009）
scale		0.0069 ***	0.0062 ***	0.0115 ***	0.0122 ***	0.0045 ***
		（0.0005）	（0.0005）	（0.0003）	（0.0003）	（0.0012）
SOE		- 0.0202 ***	0.0030	- 0.0138 ***	- 0.0105 ***	- 0.0092 **
		（0.0030）	（0.0027）	（0.0018）	（0.0018）	（0.0044）
FOR		- 0.0113 ***	- 0.0082 ***	- 0.0111 ***	- 0.0099 ***	0.0035
		（0.0016）	（0.0014）	（0.0009）	（0.0009）	（0.0028）
常数项	0.199 ***	0.0226 ***	- 0.0605 ***	- 0.132 ***	- 0.141 ***	0.0314
	（0.0026）	（0.0050）	（0.0047）	（0.0039）	（0.0043）	（0.0196）
年份固定效应	否	否	是	是	是	是
行业固定效应	否	否	否	是	是	是
地区固定效应	否	否	否	否	是	是
企业固定效应	否	否	否	否	否	是
观测值	63851	63851	63851	63851	63851	63851
R^2	0.004	0.066	0.196	0.697	0.701	0.527

注：***、** 分别表示在 1%、5% 的水平下显著；括号中为稳健标准误；面板固定效应回归报告的 R^2 是组内 R^2。

率的影响显著为正，说明企业自选择效应是存在的，与现有理论和经验实证文献的结果吻合（Bernard et al., 2003；Melitz and Ottaviano，2008；De Loecker and Warzynski, 2012；祝树金、张鹏辉，2015）；出口企业的加成率水平显著低于非出口企业，这一结果与现有文献是一致的（盛丹、王永进，2012；刘啟仁、黄建忠，2015；黄先海等，2016a），说明本章的回归结果是可信的。

三　产品差异化程度分析

上文的基准回归结果表明进口中间品对企业成本加成有显著的正向影响，但是并未考虑企业所处行业的异质性问题，本章为了检验进口中间品对不同行业企业的成本加成的影响，即验证假说 2 是否成立，回归模型设定如下：

$$\ln mkp_{it} = \beta_0 + \beta_1 input_{it} + \beta_2 input_{it} \times N_i + \gamma X_{it} + \eta_t + \mu_j + \lambda_i + \delta_p + \varepsilon_{it} \quad (5-2)$$

其中，虚拟变量 N_i 表示行业的产品差异化程度，根据 Rauch (1999) 的研究，产品差异化程度小（或同质性产品）取值为 0，否则为 1。除了本章在等式（5-1）中介绍的变量外，在等式（5-2）中还加入了进口中间品与产品差异化程度的交互项 $input_{it} \times N_i$，交互项的估计系数是本章最为关注的，用来反映进口中间品对不同类型行业的企业成本加成的提升效果的差异。如果 $\beta_2 > 0$ 且显著，则表明进口中间品对产品差异化程度大的企业成本加成的提升作用更大。在表 5-9 的模型（1）中，本章使用保守方法（con）作为产品差异化程度的度量方法。根据回归结果，本章发现进口中间品的系数为正且显著，进口中间品与产品差异化程度的交互项系数也为正且显著，这说明进口中间品对产品差异化程度大的企业成本加成的促进作用更大。在表 5-9 的模型（2）的稳健性检验中，所有解释变量的系数与符号与模型（1）大致相同，但是产品差异化程度的度量采用的是自由方法（lib），估计结果与模型（1）相差不大，这在一定程度上反映了本章估计结果的稳健性。此外，由于进口产品差异化程度可能从规模经济中获得正向效应，为了避免回归结果把规模经济的正向效应反映到进口产品差异化程度上，进而影响本章回归结果的可信度，本章还提供了没有规模经济的结果作为敏感性测试，详见附表 10，结果显示进口中间品、进口中间品和产品差异化程度的交互项系数均显著为正，与基准回归结果相符，说明本章的回归结果还是比较稳健的。

表5-9　产品差异化程度不同的企业的回归结果

变量	(1) con	(2) lib
input	0.0058***	0.0059***
	(0.0001)	(0.0001)
input × N	0.0002***	0.0001***
	(0.0000)	(0.0000)
tfp	0.166***	0.167***
	(0.0024)	(0.0024)
exp	-0.0089***	-0.0090***
	(0.0009)	(0.0009)
scale	0.0121***	0.0121***
	(0.0003)	(0.0003)
SOE	-0.0106***	-0.0105***
	(0.0018)	(0.0018)
FOR	-0.0101***	-0.0100***
	(0.0009)	(0.0009)
常数项	-0.141***	-0.141***
	(0.0043)	(0.0043)
年份固定效应	是	是
行业固定效应	是	是
地区固定效应	是	是
观测值	63851	63851
R^2	0.701	0.701

注：***表示在1%的水平下显著；括号中为稳健标准误。

四　异质性分析

上文的基准回归考察的是进口中间品差异化程度对企业成本加成的总体影响效应，而未考虑行业的异质性。下面本章从行业层面的异质性进行分析，以得到更有针对性的结论。考虑到高技术行业与中低技术行业的中间投入品不同，规模经济效应不同，因而进口中间品对企业成本加成的影响效应会存在差异。本章将制造业行业区分为高技术行业与中低技术行业，其中，根据《国民经济行业分类》（GB/T 4754—2012），高技术行业主要包括医药制造、航空航天器及设备制造、电子及通信设备制造、计算机及办公设备制造、医疗仪器设备及仪器仪表制造、信息化学品制造等行业，剩下的为中低技术行业。分别对高技术行业和中低技术行业采用保守方法（con）和自由方法（lib）进行了检验，具体的回归结果见表5-10。结果显示，进口中间品、进口中间品和产品差异化程度的交互项系数均显著为正，与前文主要结论一致，主要控制变量的符号和大小也与基准回归相符，证明了本章结果的稳健性。此外，高技术行业的回归系数明显大于中低技术行业，可能的原因是：高技术行业具有更先进的技术、更强的研发能力和学习能力，因而进口中间品可以产生更强的进口学习效应和技术溢出效应，这一点也刚好和现实情况吻合，进一步证实了本章回归结果的可信性。

表5-10　高技术与中低技术行业敏感性测试分析回归结果

变量	高技术行业		中低技术行业	
	（1）con	（2）lib	（3）con	（4）lib
$input$	0.0078***	0.0080***	0.0041***	0.0041***
	(0.0002)	(0.0002)	(0.0001)	(0.0001)
$input \times N$	0.0006***	0.0003***	0.0001***	0.0001***
	(0.0000)	(0.0000)	(0.0000)	(0.0000)
tfp	0.156***	0.157***	0.170***	0.170***
	(0.0031)	(0.0031)	(0.0035)	(0.0035)
exp	-0.0084***	-0.0085***	-0.0097***	-0.0096***
	(0.0012)	(0.0012)	(0.0012)	(0.0012)
$scale$	0.0145***	0.0145***	0.0106***	0.0106***
	(0.0005)	(0.0005)	(0.0005)	(0.0005)
SOE	-0.0212***	-0.0210***	0.0051*	0.005*
	(0.0024)	(0.0024)	(0.0028)	(0.0028)
FOR	-0.0099***	-0.0099***	-0.0100***	-0.0100***
	(0.0014)	(0.0014)	(0.0012)	(0.0012)

变量	高技术行业		中低技术行业	
	（1）con	（2）lib	（3）con	（4）lib
年份固定效应	是	是	是	是
行业固定效应	是	是	是	是
地区固定效应	是	是	是	是
常数项	− 0.0864***	− 0.0870***	− 0.125***	− 0.125***
	（0.0060）	（0.0060）	（0.0058）	（0.0058）
观测值	25512	25512	38339	38339
Adj. R²	0.736	0.735	0.678	0.678

注：***、*分别表示在1%、10%的水平下显著；括号中为标准误。

五 内生性检验

对回归模型的内生性问题的考虑，虽然进口中间品会使得企业的成本加成提高，但是成本加成较高的企业也倾向于进口更多的中间投入品以扩大产出，故模型可能存在计量上的反向因果关系，影响回归结果的有效性。本章通过使用工具变量来缓解内生性问题，并参考 Feng 等（2012）和许家云等（2017）的做法，选择企业层面的中间投入品关税作为企业进口中间品的工具变量①，工具变量指标构造如下：

$$\tau_{it}^{input} = \sum_{h \in \Omega_a} \partial_{ih,aver} \tau_{ht} = \sum_{h \in \Omega_a} \left(\frac{va_{ih,aver}}{\sum_{h \in \Omega_a} va_{ih,aver}} \right) \tau_{ht} \qquad (5-3)$$

其中，h 表示 HS 6 位码产品；Ω_{it} 表示企业 i 在 t 年进口的产品集合；τ_{ht} 表示产品 h 在第 t 年的进口关税率；$va_{ih,aver}$ 表示企业 i 在样本期内对产品 h 的平均进口额。在此需要特别说明的是，在计算企业层面的中间投入品关税时，需要确定企业进口的中间品的权重，本章借鉴 Feng

---

① 首先，考虑到关税水平具有较强的外生性；其次，产品关税越高，企业的进口越少，二者具有较强的相关性。所以，中间投入品关税比较适宜作为企业的中间品进口的工具变量。本章使用的产品关税数据来源于 WTO 的 Tariff Download Facility 数据库以及世界银行的 WITS 数据库。

等（2012）和许家云等（2017）的方法，采用固定权重①。具体来说，本章将进口中间品关税指数、进口中间品关税指数与产品差异化程度的交互项分别作为进口中间品、进口中间品与产品差异化程度的交互项的工具变量，进行两阶段最小二乘回归 2SLS。回归结果如表 5 – 11 所示，模型（1）和模型（2）里的产品差异化程度的测度采用的是保守方法，而模型（3）里使用的宽松的产品差异化测度方法，作为模型（2）的一个稳健性分析。模型（1）的回归结果表明，本章控制内生性问题后，进口中间品与企业成本加成的正向关系依然是成立的。在模型（2）中，本章加入了前文介绍过的控制变量，如企业生产率、出口虚拟变量等。综合来看，模型（1）~模型（3）的回归结果表明，进口中间品对企业成本加成有正向促进作用，而且这种促进作用对于产品差异化程度大的行业（即 N_i 为 1 的行业）来说更大。

关于工具变量有效性的检验。首先，Kleibergen 和 Paap（2006）的 LM 统计量检验结果均在 1% 的显著性水平下拒绝了"工具变量识别不足"的原假设；其次，Kleibergen 和 Paap（2006）的 F 统计量也拒绝了"工具变量是弱识别"的原假设；最后，第一阶段的回归结果显示，所有工具变量的系数都是非常显著的，因此本章选择的工具变量是比较有效的。

表 5 – 11　内生性检验结果

变量	（1）con	（2）con	（3）lib
input	0.0474 ***	0.0286 ***	0.0285 ***
	（0.0043）	（0.0030）	（0.0029）
input × *N*	0.0028 ***	0.0016 ***	0.0017 ***
	（0.0002）	（0.0002）	（0.0002）

① 使用固定权重的好处在于可以避免由贸易权重和中间品进口关税之间的相关关系而导致的内生性问题，由样本期内产品 h 在进口企业 i 中间品的总进口中的平均比重来表示，其计算公式为：$a_{ih,aver} = va_{ih,aver} / \sum_{h \in \Omega_{it}} va_{ih,aver}$。

续表

变量	(1) con	(2) con	(3) lib
tfp		0. 122 ***	0. 122 ***
		(0. 0063)	(0. 0062)
exp		− 0. 0217 ***	− 0. 0216 ***
		(0. 0020)	(0. 0020)
scale		− 0. 0044 **	− 0. 0044 **
		(0. 0022)	(0. 0022)
SOE		− 0. 0012	− 0. 0013
		(0. 0028)	(0. 0028)
FOR		− 0. 0550 ***	− 0. 0549 ***
		(0. 0059)	(0. 0059)
常数项	− 0. 313 ***	− 0. 207 ***	− 0. 207 ***
	(0. 0469)	(0. 0098)	(0. 0098)
年份固定效应	是	是	是
行业固定效应	是	是	是
地区固定效应	是	是	是
Kleibergen-Paap rk LM 统计量	132. 4	156. 2	156. 8
	(0. 0000)	(0. 0000)	(0. 0000)
Kleibergen-Paap rk Wald F 统计量	65. 7	82. 4	82. 8
	(7. 03)	(7. 03)	(7. 03)
观测值	63049	63049	63049
R^2	0. 096	0. 544	0. 544
第一阶段回归			
IV1：*tari*	− 0. 068 ***	− 0. 068 ***	− 0. 072 ***
	(0. 0225)	(0. 0205)	(0. 0204)
	[182. 73]	[409. 43]	[410. 07]
IV2：*tari* × *N*	5. 056 ***	5. 047 ***	4. 604 ***
	(0. 0095)	(0. 0091)	(0. 0117)
	[4787. 35]	[4970. 38]	[2554. 33]

注：*** 、** 分别表示在 1% 、5% 的水平下显著；Kleibergen-Paap rk LM 统计量括号内为 p 值，Kleibergen-Paap rk Wald F 统计量括号内为 10% 显著性水平下的临界值，其余小括号里的是稳健标准误，中括号里的是 F 值；IV1 中的因变量为 *input*；IV2 中的因变量为 *input* × *N*。

六　市场集中度对进口中间品效应的影响

本章通过引入市场集中度来深入探讨进口中间品对差异化行业的企业成本加成的影响。因为市场集中度代表了市场的竞争程度，市场集中度越高的行业，企业的垄断势力越强，所以企业的利润率也越高，研发能力也越强，从同行业以及上下游产品中吸收的技术外溢也越多，从而有越高的生产效率和产品质量，进而有越高的成本加成。本章通过引入市场集中度、进口中间品与产品差异化程度的交互项来验证前文提出的假说3，具体设定的计量模型如下：

$$\ln mkp_{it} = \beta_0 + \beta_1 input_{it} + \beta_2 input_{it} \times N_i + \beta_3 hhi_i + \beta_4 input_{it} \times hhi_i +$$
$$\beta_5 input_{it} \times N_i \times hhi_i + \beta_6 X_{it} + \eta_t + \mu_j + \delta_p + \varepsilon_{it}$$
$$(5-4)$$

其中，hhi_i 表示市场集中度指数，本章参考张杰等（2015b）的方法，采用4位码行业赫芬达尔指数衡量市场集中度。4位码行业赫芬达尔指数的计算公式为：

$$hhi_i = \sum_{j=1}^{n} \left(sale_{ij} / \sum_{i=1}^{n} sale_{ij} \right)^2 \tag{5-5}$$

其中，$sale_{ij}$ 表示行业 j 中企业 i 的销售收入，4位码行业的规模为该行业内企业总销售收入。本章选取赫芬达尔指数的中位数作为基准，如果赫芬达尔指数高于其中位数，说明市场集中度较高，则市场集中度指数 hhi_i 取值为1；反之，取值为0。回归方程（5-4）中的解释变量除了包含方程（5-3）中的全部解释变量外，还增加了市场集中度指数（hhi_i）以及中间品进口、产品差异化程度与市场集中度指数的交互项。在本部分回归中最关注的是三重交互项 $input_{it} \times N_i \times hhi_i$ 的系数，用于检验进口中间品对企业成本加成的影响是否依赖于市场集中度。如果 $\beta_5 > 0$ 且显著，则表明市场集中度强化了进口中间品对差异化行业企业成本加成的促进作用。方程（5-4）的回归结果如表5-12所示。根据表5-12的结果，模型（1）仅增加了市场集中度指数，hhi_i 的系数显著为正，说明市场集中度高的企业通常成本加成也较高，这一点与已有文献的研究结果一致（钱学锋等，2016a）。模型（2）又增加了市场集中度指数与进口中间品的交互项，其回归系数也为正，说明市场集中度越高的行业，进口中间品对企业成本加成的促进作用也越大。模型（3）中，引入市场集中度、进口中间品与产品差异化程度的三重交互项（ $input_{it} \times N_i \times hhi_i$ ），估计系数依然显著为正。此外，模型（4）更改产品差异化程度的测度方法，采取宽松的测算方法，进一步对模型（3）进行稳健性检验，回归结果基本一致。

这一回归结果表明，对于差异化程度较大的行业，即产品差异化程度 N_i 为1，市场集中度的提高会对企业产生积极正面的影响。由于差异化程度大的行业的产品差异性较大，进口的技术外溢效应较强。当该行业的市场集中度较高时，企业具有较大的市场份额，比较有能力进行研

表 5-12　市场集中度与进口中间品效应

变量	(1) con	(2) con	(3) con	(4) lib
$input$	0.0058***	0.0049***	0.0050***	0.0050***
	(0.0001)	(0.0002)	(0.0002)	(0.0002)
$input \times N$	0.0002***	0.0002***	0.0001**	0.000*
	(0.0000)	(0.0000)	(0.0000)	(0.0000)
hhi	0.0103***	0.0118***	0.0131***	0.0130***
	(0.0008)	(0.0031)	(0.0031)	(0.0031)
$input \times hhi$		0.0018***	0.0014***	0.0016***
		(0.0003)	(0.0002)	(0.0002)
$input \times N \times hhi$			0.0007***	0.0005***
			(0.0000)	(0.0000)
tfp	0.166***	0.166***	0.166***	0.166***
	(0.0024)	(0.0024)	(0.0024)	(0.0024)
exp	-0.0088***	-0.0088***	-0.0088***	-0.0089***
	(0.0009)	(0.0009)	(0.0009)	(0.0009)
$scale$	0.0122***	0.0122***	0.0122***	0.0122***
	(0.0003)	(0.0003)	(0.0003)	(0.0003)

续表

变量	（1）con	（2）con	（3）con	（4）lib
SOE	− 0.0112 ***	− 0.0110 ***	− 0.0114 ***	− 0.0112 ***
	（0.0018）	（0.0018）	（0.0018）	（0.0018）
FOR	− 0.0096 ***	− 0.0096 ***	− 0.0095 ***	− 0.0095 ***
	（0.0009）	（0.0009）	（0.0009）	（0.0009）
常数项	− 0.147 ***	− 0.135 ***	− 0.134 ***	− 0.135 ***
	（0.0043）	（0.0046）	（0.0046）	（0.0046）
年份固定效应	是	是	是	是
行业固定效应	是	是	是	是
地区固定效应	是	是	是	是
观测值	63851	63851	63851	63851
R^2	0.702	0.702	0.702	0.702

注：＊＊＊、＊＊、＊分别表示在1%、5%、10%的水平下显著；括号中为稳健标准误。

发和创新，因此从进口中间品以及上下游产品中获得的技术外溢较多，进而企业成本加成的提升幅度也较大。对于差异化行业（即 N_i 为 1），模型（3）的回归结果显示，市场集中度指数 hhi_i 越高，进口中间品对企业成本加成的促进作用越大。[1] 虽然模型（4）的稳健性检验依然是显著的，但本章发现这个回归系数的数值却很小。这个结果也基本符合中国的实际情况。在中国，差异化较大的行业大部分是中小企业。对于这些行业来说，进口中间品的技术外溢能够对企业成本加成产生正向作用，但是由于这些中小企业的研发投入不足或者研发的转化效率不高，进口中间品对企业成本加成的提升作用没有最大限度地发挥出来，也就出现了表 5 – 12 中回归系数的数值很小的结果。

第五节　扩展检验与进一步分析

标准 OLS 回归估计方法主要考察解释变量对被解释变量的条件期

---

[1]　中间品进口的系数为：$0.005 + 0.000137 + (0.00144 + 0.000701) \times hhi_i$。

望的影响，实际上是对均值进行回归。分位数回归不仅提供条件分布的全面信息，还使用残差绝对值的加权平均作为最小化的目标函数（Koenker and Bassett，1978），放松了有关误差项在所有条件分布点同分布的强假设（Koenker，2005）。本章不仅关注进口中间品对企业成本加成的平均影响效应，也关注初始成本加成不同的企业这种影响有何差异。基于此，本部分采用分位数回归，既可以进一步检验前文回归结果的稳健性，又可以发现 OLS 回归所不能揭示出来的信息，进而使本章的实证分析更加充实。本章选择 5 个有代表性的分位点，它们是 10%、30%、50%、70% 和 90%，采用分位数回归方法重新估计了前面的基准回归方程，回归结果如表 5-13 所示。首先，分位数回归的主要解释变量系数的符号和显著性与前文 OLS 回归的结果并无明显差异，这一点充分验证了本章回归结果的稳健性。其次，通过比较不同分位数的回归系数，结果发现分位数越高，进口中间品的系数越大。这表明，对于那些初始成本加成较高的企业，进口中间品对企业成本加成的提升作用更大。对此可能的解释是，成本加成较高的企业，具有较强的盈利能力，从而可以投入更多的资金进行研发和学习，因此从进口中间品中获益更多。De Loecker 等（2016）采用印度的微观企业数据，也验证了这一机制，因此，本章的这一研究结果与现有文献的研究结论基本一致。

表 5-13 分位数回归结果

变量	10%	30%	50%	70%	90%
$input$	0.0033 ***	0.0046 ***	0.0052 ***	0.0061 ***	0.0069 ***
	（0.0001）	（0.0001）	（0.0001）	（0.0002）	（0.0002）
$input \times N$	0.0001	0.0002 ***	0.0002 ***	0.0002 ***	0.0004 ***
	（0.0000）	（0.0000）	（0.0000）	（0.0000）	（0.0000）
hhi	0.0044 ***	0.0065 ***	0.0089 ***	0.0118 ***	0.0175 ***
	（0.0007）	（0.0010）	（0.0009）	（0.0011）	（0.0016）
tfp	0.127 ***	0.160 ***	0.174 ***	0.181 ***	0.171 ***
	（0.0021）	（0.0021）	（0.0021）	（0.0023）	（0.0032）

续表

变量	10%	30%	50%	70%	90%
exp	− 0.0037 ***	− 0.0066 ***	− 0.0083 ***	− 0.0086 ***	− 0.0119 ***
	(0.0011)	(0.0010)	(0.0010)	(0.0013)	(0.0021)
scale	0.0140 ***	0.0142 ***	0.0141 ***	0.0129 ***	0.0097 ***
	(0.0004)	(0.0004)	(0.0003)	(0.0004)	(0.0005)
SOE	− 0.0199 ***	− 0.0127 ***	− 0.0091 ***	− 0.0063 ***	− 0.0078 **
	(0.0031)	(0.0021)	(0.0022)	(0.0021)	(0.0032)
FOR	− 0.0055 ***	− 0.0067 ***	− 0.0088 ***	− 0.0107 ***	− 0.0146 ***
	(0.0009)	(0.0011)	(0.0012)	(0.0010)	(0.0019)
常数项	− 0.167 ***	− 0.177 ***	− 0.164 ***	− 0.136 ***	− 0.0531 ***
	(0.0058)	(0.0055)	(0.0055)	(0.0046)	(0.0079)
年份固定效应	是	是	是	是	是
行业固定效应	是	是	是	是	是
地区固定效应	是	是	是	是	是
观测值	63851	63851	63851	63851	63851
Pseudo R^2	0.4654	0.4756	0.4798	0.4788	0.4697

注：***、**分别表示在1%、5%的水平下显著；括号中为自助抽样（Bootstrap）标准误。

第六节　本章小结

本章基于中国制造业企业层面的微观数据，深入考察了进口中间品对产品差异化程度不同的企业成本加成的促进作用，研究结果表明：①进口中间投入品可以显著提升企业的成本加成；②考虑到行业的产品差异化程度不同，本章的研究发现，进口中间品对产品差异化程度较大的企业的成本加成的提升作用更大；③进一步考虑到较高的市场集中度对企业技术研发具有促进作用，本章通过引入市场集中度指数及其与进口中间品、产品差异化程度的交互项进行计量回归，研究表明，较高的市场集中度显著强化了进口中间品对产品差异化程度较大的企业成本加成的促进作用；④虽然本章的实证分析结果证实了进口中间品对产品差异化程度较大的企业成本加成的提升作用显著为正，但是回归系数很小，这反映了中国企业的研发投入不足，研发转化的效率仍然很低；⑤进一步的分位数回归结果表明，对于初始成本加成较高的企业，进口中间品对企业成本加成的提升作用更大。

本章的政策建议是：继续扩大中间品进口不但可以调节中国长期的国际贸易顺差，改善国际贸易关系，而且可以提升制造业企业的成本加成，进而提高中国企业的国际竞争力，有利于经济社会的可持续发展；根据本章的研究，进一步鼓励产品差异化程度较大的行业扩大开放程度，降低贸易壁垒，增加进口。此外，差异化行业里的中小民营企业由于市场集中度低、企业研发投入不足，无法充分地吸纳进口中间品的技术外溢效应。因此，为了充分发挥进口中间品对企业成本加成的促进作用，对于产品差异化程度较大的行业，应适当提高其市场集中度；通过培训或者技术支持，激励中小民营企业进行技术转化，尽可能多地吸纳进口中间品产生的技术外溢效应，增强企业的研发能力，以提高企业的成本加成。

当然，本章的研究仍然存在不足，例如，本章通过对中国工业企业数据库和中国海关贸易数据库以及产品差异化程度数据进行匹配得到包含丰富指标的实证样本数据，虽然样本观测值的绝对数量（63851个）不少，但是整体匹配结果与既有文献还有一定差距，这也是未来有待改进的地方之一。此外，鉴于实证方法受限和数据的可获得性，本章在实证分析中只验证了研究假说的最终结论，而尚未对中间品进口影响企业成本加成的作用机制进行进一步检验。因此，检验中间品进口对企业成本加成的作用机制和影响路径，也是未来需要深入探讨的方面。

第六章

中间品贸易自由化与中国制造业企业
出口产品质量升级

由于发展中国家的企业很难以较低的成本生产出发达国家市场所需要的高质量产品，一直以来，发展中国家的企业都很难打入发达国家市场。而一些发展中国家为了保护本国中间品生产者的利益，还会人为地提高生产高质量产品所必需的进口中间投入品的价格，进而恶化了这一境况（Fan et al., 2018）。近年来，有关企业出口产品质量与进口中间投入品价格之间关系的研究，越来越受到国际贸易领域的热切关注。

自 2001 年底中国正式加入世界贸易组织开始，中国的贸易自由化进程不断加快，企业面临的中间品关税率从 2000 年的 15.35% 下降到 2006 年的 7.32%，降幅为 52.31%。① 中间品关税的下降大大降低了企业的进口成本，无疑会对中国企业的生产活动产生重要影响。根据 Klenow 和 Rodriguez-Clare（1997）、Goldberg 等（2010）的研究，中间品贸易自由化可以增加该国企业进口的中间投入品的种类，而进口中间品种类的增加可以促进企业产品质量升级（李秀芳、施炳展，2016）。此外，这些新增加的进口中间投入品往往来自发达国家，相比之前进口的中间品，具有更高的价格或质量（Goldberg et al., 2011）。已有文献的研究发现，中间品贸易自由化还会提高进口中间品的质量（Bas and

---

① 由笔者计算得到，本章将详细介绍中间投入品关税的测算方法。

Strauss-Kahn，2015；余淼杰、李乐融，2016），而 Kugler 和 Verhoogen（2012）的研究表明，中间投入品的质量越高，则企业生产的最终产品的质量也越高。当前，中国的出口总体规模已经赶超发达国家，但是，中国出口产品质量与世界前沿质量的差距是中国出口贸易落后于发达国家的重要原因（施炳展，2014）。因此，转变过去低价、廉价的出口策略，提升中国出口产品的质量，进而增强出口产品的竞争力，这样才有利于中国出口企业的可持续发展。

2014 年中国经济进入新常态，经济增长速度减缓，而注重经济结构优化和经济增长质量的提升。但是，中国中间品进口规模却依然增速不减，而且国家还提出了扩大进口的贸易政策。因此，进口促进政策是否能有效促进企业竞争力提升，如企业效率提高和产品质量升级等，其内在传导机制是什么？只有弄清楚这些问题，才能合理制定中间品贸易政策，并有效吸收和转化中间品进口的溢出效应，使中间品进口的贸易福利达到最大。

基于此，本章在中国加入 WTO 这一准自然实验环境下，采用双重差分法，检验中间品贸易自由化对中国制造业企业出口产品质量的影响及其作用机制。本章的研究较好地回答了中国制造业企业如何才能实现"创新驱动、质量为先"这一长期目标，对客观评价全球价值链环境下如何实现中国企业的转型升级和可持续发展具有重要的现实意义。

第一节　中间品关税、企业出口产品质量的典型事实与研究假说

中国长期的贸易顺差遭受非议，同时由于国家间贸易保护的加强，中国的出口增长空间被压缩。在这种情形下，中间品进口既可以弥补国内供给不足，又能缓解贸易失衡问题，进而在一定程度上解决中国短暂的发展瓶颈问题。中国加入世界贸易组织以来，中间品进口关税不断下降，中间品进口规模迅速扩张，那么这对制造业企业的出口产品质量产生了怎样的影响？基于数据的可得性和对数据质量的判断，本节将通过

分析 2000～2006 年中国中间品进口关税和企业出口产品质量的变化特征，从而在一定程度上概括了中间品贸易自由化和企业出口产品质量之间的关系，为下文评估中间品贸易政策对企业出口产品质量的影响提供相应的依据。

一　典型事实分析

利用本书第三章的测算方法，并结合关税数据和中国制造业企业的生产数据，本章可以计算得到 2000～2006 年企业中间品关税率和企业的出口产品质量，下面对计算结果进行分析，并重点提炼中间品关税和中国制造业企业出口产品质量变化的事实特征。

1. 中间品关税的变化趋势

图 6-1 展示了 2000～2006 年中间品关税的变化特征。首先，总体上看，企业的中间品关税率从 2000 年开始呈不断下降的变化趋势，具体来说，企业面临的中间品关税率从 2000 年的 15.35% 下降到 2006 年的 7.32%，降幅为 52.31%；其次，在 2001 年末中间投入品关税率有一个很大幅度的下降，从 14.39% 下降到 10.09%，降幅为 29.88%，与毛其淋和许家云（2017）的测算结果基本一致。究其背后的原因是，中国在 2001 年底正式加入世界贸易组织，之后便开始了大幅度地减免进口关税，这也为本章研究中间品贸易自由化与企业出口产品质量升级之间的关系提供了一个自然实验的机会。

2. 中国制造业企业出口产品质量的变化特征

根据第三章企业出口产品质量的计算结果，表 6-1 描述了样本期内中国制造业企业出口产品质量的变化情况。从中可以看出，整体上中国制造业企业出口产品质量呈现上升趋势，2000～2006 年的增长率为 1.71%。但是，企业出口产品质量在 2001～2002 年整体上又有所下降。对其可能的解释是，中国加入 WTO 后，贸易成本降低导致大量低质量的企业开始出口，拉低了中国企业的整体出口产品质量（施炳展，2014）。进一步地，本章发现加工贸易企业的出口产品质量高于一般贸易企业。可能的原因是，加工贸易企业"两头在外"，进口中间品的质

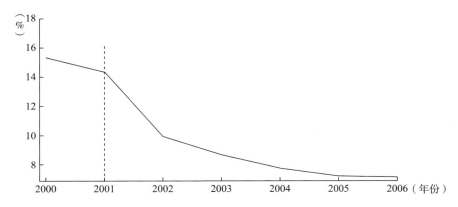

图 6 - 1　2000~2006 年制造业企业中间投入品关税率的变化趋势

资料来源：笔者用 Stata 13.0 绘制。

量较高，出口产品的国外附加值也较高，因此加工贸易企业的出口产品质量比一般贸易企业要高。此外，从变动趋势上看，一般贸易企业的出口产品质量的增长率为 3.39%，比加工贸易企业（2.03%）的较高，这说明中国加入 WTO 之后，一般贸易企业的出口产品质量获得更快的增长，这初步揭示了中间品贸易自由化有利于企业出口产品质量升级。

表 6 - 1　2000~2006 年中国制造业企业出口产品质量变化

企业类型	2000 年	2001 年	2002 年	2003 年	2004 年	2005 年	2006 年	增长率（%）
整体	0.527	0.528	0.525	0.524	0.531	0.535	0.536	1.71
加工贸易	0.542	0.545	0.543	0.546	0.548	0.551	0.553	2.03
一般贸易	0.413	0.410	0.416	0.422	0.426	0.425	0.427	3.39

资料来源：笔者计算。

3. 中间品贸易自由化与企业出口产品质量之间的关系特征

从上述分析可以看出，一方面，中国制造业企业在 2000~2006 年经历了深刻的中间品贸易自由化过程；另一方面，在此期间，企业出口产品质量整体上也呈现上涨趋势。基于此，本章想要考察的是中间品贸易自由化与中国制造业企业出口产品质量之间存在怎样的关系。为了更直观地揭示两者之间的关系，本章利用第三章的测算结果在图 6 - 2 中绘制了企业进口中间品关税与企业出口产品质量之间的散点图，并进一步得到反映二者之间关系的拟合线。从中很容易可以看出，中间品关税与企业出口产品质量之间存在负相关关系，这表明中间品关税减让可以提升中国制造业企业的出口产品质量。

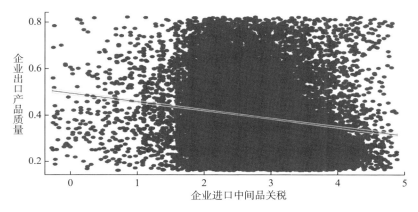

图 6 – 2　企业中间品关税与出口产品质量的散点图

资料来源：笔者用 Stata 13.0 绘制。

二　研究假说

20 世纪 90 年代以来，中国开始实施贸易自由化改革并于 2001 年 12 月正式成为 WTO 成员，以融入多边贸易体制并发展市场经济制度。自此，中国开始积极推进贸易自由化改革，大幅度减让关税，尤其是大幅度削减中间品关税，这大大降低了中国企业的进口成本，也在很大程度上影响了企业的市场行为和绩效。

一方面，中间品关税减让可以通过增加进口中间品种类来影响企业出口产品质量。Goldberg 等（2010）基于印度的企业数据和贸易数据的研究发现，中间品贸易自由化可以增加一国企业进口的中间品种类，具体来说，中间品关税减让可以使印度企业进口的中间品种类增加 31%。进一步地，Goldberg 等（2011）的研究表明，这些新增加的进口中间投入品往往来自发达国家，相比之前进口的中间品，具有更高的价格或质量。此外，企业进口中间品种类的增加会拉低中间品的价格指数，进而降低企业的成本，因此企业可以投入更充足的资金进行研发，而施炳展和

邵文波 (2014) 的研究表明，研发投入的增加可以促进企业出口产品质量的升级。李秀芳和施炳展 (2016) 基于中国的微观数据从中间品进口种类的角度分析中国企业出口产品质量的决定因素和提升机制，研究发现，进口中间品种类增加可以通过边际成本减少等渠道提升企业出口产品质量。

另一方面，中间品贸易自由化有利于提高企业进口中间品质量，进而影响企业出口产品质量升级。Halpern 等 (2015) 的研究发现，进口竞争效应、进口中间品质量效应、进口中间品种类效应是进口贸易影响的三个基本渠道。而 Bas 和 Strauss-Kahn (2015) 利用中国的微观企业数据验证了进口中间品质量这一影响渠道，其研究发现，中间品关税减让可以提高企业进口中间品的质量，而进口中间品质量的提升有利于企业出口产品质量的提升。余淼杰和李乐融 (2016) 采用双重差分法考察了贸易自由化对中国企业进口中间品质量的影响，结果发现，相对于加工贸易企业，贸易自由化显著提升了一般贸易企业的进口中间品质量。此外，Kugler 和 Verhoogen (2012) 基于哥伦比亚的制造业数据的研究表明，中间投入品的质量越高，则企业生产的最终产品的质量也越高。

基于以上中间品关税和企业出口产品质量的特征事实，以及中间品关税减让影响企业出口产品质量的机制分析，本章提出以下两个待检验的假说。

假说 1：中间品贸易自由化对企业出口产品质量有正向影响，即中间品关税降低有利于促进企业出口产品质量升级。

假说 2：中间品贸易自由化主要通过进口中间品种类增加和中间品质量提升的渠道影响企业的出口产品质量。

第二节　模型设定、核心变量测算与数据来源

为了检验中间品贸易自由化对中国制造业企业出口产品质量的影响效应，本章将采用双重差分法进行识别。双重差分法 (Differences-in-Differences，DID)，又名倍差法，是政策效应评估方法中的一大利器。因为政策相对于微观经济主体而言一般是外生的，不存在逆向因果问题，因而双重

差分法可以在一定程度上避免内生性问题的困扰。此外，双重差分法的本质就是面板数据固定效应，使用固定效应估计在一定程度上也缓解了遗漏变量偏误问题，因此本章设定双重差分模型来进行实证检验。

一　模型设定

由图 6 - 1 可知，中国在 2001 年末中间投入品关税率有一个很大幅度的下降。据此，为了识别中间品贸易自由化对企业出口产品质量的影响效应，本章利用 2001 年中国加入 WTO 这一准自然实验，将一般贸易企业作为处理组，将加工贸易企业作为对照组[①]，借鉴毛其淋和许家云（2017）的做法，设定如下的双重差分模型：

$$quality_{it} = \alpha + \beta_1 Treatment_i + \beta_2 WTOpost_t + \\ \beta_3 Treatment_i \times WTOpost_t + X_{it}\gamma + \theta_j + \theta_k + \varepsilon_{it} \qquad (6-1)$$

其中，下标 i、t、j、k 分别表示企业、年份、行业、地区。$quality$ 表示企业出口产品质量，其测算过程如下文所示。$Treatment$ 是组别虚拟变量，取 1 时代表一般进口企业，即处理组；取 0 时代表加工进口企业，即对照组。$WTOpost$ 为时间虚拟变量，2001 年之后的年份取值为 1，反之为 0。交互项 $Treatment \times WTOpost$ 的估计系数 β_3 是本章重点关注的，反映了中间品贸易自由化对企业出口产品质量的作用效果。如果 $\beta_3 > 0$，说明处理组企业的出口产品质量的提升幅度大于对照组企业，即中间品贸易自由化促进了企业出口产品质量升级。X_{it} 为影响企业出口产品质量的控制变量，具体包括：全要素生产率（tfp），采用改进的 OP 方法进行测算（取对数）；企业规模（$scale$），以经价格指数平减后的企业销售收入代表企业规模，取对数后加入计量方程[②]；企业的年龄

[①] 根据中国的贸易政策，海关对加工贸易企业所进口的原材料、零部件等中间品实行免关税，而对一般贸易企业征收关税。一般贸易企业面临的进口中间品关税率在 2001 年之后出现迅速下降；但加工贸易企业由于长期享受免关税优惠政策，其面临的进口中间品关税率也就基本不变。

[②] 目前常用的企业规模的衡量指标主要是企业销售收入和企业人数，本章借鉴许家云等（2017）的做法，用企业销售收入来衡量企业规模。

（age），将企业数据的统计年份与开业年份相减得到企业的生存年龄；企业的利润水平（rprofit），用利润总值与当期总产值之比表示；平均工资水平（pwage），采用经价格指数平减后的应付工资总额与企业从业人员总数的比值来衡量；企业获得的政府补贴（subsidy），采用补贴收入与企业增加值的比值来衡量；企业融资约束（finance），企业的利息支出反映了企业的融资能力，企业的利息支出越多，说明企业的外部融资能力越强，面临的融资约束程度也就较小，本章以企业利息支出除以当年固定资产总值来表示；国有企业虚拟变量（SOE）和外资企业虚拟变量（FOR），如果企业的所有制类型是国有企业[①]（外资企业[②]），则 SOE（FOR）取值为 1，否则为 0。θ_j 和 θ_k 分别表示行业固定效应和地区固定效应。

此外，考虑到稳健性，本章参照近期文献的做法（Bas and Strauss-Kahn，2015；毛其淋、许家云，2017），用企业中间品关税率 τ_{it}^{input} 代替基准模型式（6-1）里的时间虚拟变量 WTOpost，进而得到 B-S 双重差分模型：

$$
\begin{aligned}
quality_{it} = {} & \beta + \gamma_1 Treatment_i + \gamma_2 \tau_{it}^{input} + \gamma_3 Treatment_i \times \tau_{it}^{input} + \\
& X_{it}\delta + \theta_j + \theta_k + \theta_t + \varepsilon_{it}
\end{aligned} \tag{6-2}
$$

其中，τ_{it}^{input} 表示企业 i 的中间品关税率，计算方法如下文所示；θ_t 代表年份固定效应，其他变量与式（6-1）相同。γ_3 是本章最关注的，如果 $\gamma_3 < 0$ 且显著，则表明中间品贸易自由化提高了企业出口产品质量。

二　核心变量的测算

有关中间品贸易自由化的测算，本章参照毛其淋和许家云（2016a）

---

① 根据《中国城市统计年鉴 2006》，国有企业包括国有独资企业（编号：110）、国有合资企业（编号：141）、国有和集体所有合资企业（编号：143），以及国有有限公司（编号：151）。

② 外资企业包括中外合资经营企业、中外合作经营企业、外商独资企业和外商独资有限股份公司。这里的外商包括中国的香港、澳门和台湾。

的做法，构造如下企业层面的中间品关税指标[①]：

$$\tau_{it}^{input} = \sum_{h \in \Omega_{it}} \alpha_{iht} \tau_{ht} = \sum_{h \in \Omega_{it}} \left(\frac{m_{iht}}{\sum_{h \in \Omega_{it}} m_{iht}} \right) \times \tau_{ht} \qquad (6-3)$$

其中，i、t、h 分别代表企业、年份和 HS 6 位码产品，Ω_{it} 代表企业 i 进口的产品集合，τ_{ht} 和 m_{iht} 分别代表企业 i 在 t 年对产品 h 的进口关税率和进口额，权重 $\alpha_{ipt} = m_{ipt} / \sum_{p \in \Omega_{it}} m_{ipt}$，同一企业在不同年份的权重会发生改变。

此外，企业出口产品质量的测算方法详见第三章的第三节。

三　数据来源

本章在指标测算和实证分析中使用了三套微观数据：工业企业数据、海关贸易数据和产品层面的进口关税数据。

第一套数据是国家统计局 2000～2006 年的规模以上工业企业调查数据，此套数据涵盖了中国所有的国有企业以及"规模以上"（即企业总产值超过 500 万元）的非国有企业。该套数据除了提供关于企业身份、所有制、就业人数、固定资产总值等方面的信息，还记录了来自企业资产负债表、利润表及现金流量表中的 100 多个变量的详细信息。基于已有文献的做法，本章主要参照 Brandt 等（2012）的处理方法对原始数据进行处理，具体处理过程不再赘述，并在原始样本中删除采矿业、电力、燃气及水的生产和供应业数据，仅保留了制造业进行研究。考虑到中国在 2003 年开始实施新的《国民经济行业分类》，本章采用 Brandt 等（2012）的方法对工业行业分类（CIC）4 位码进行了统一调整。除了上述的基本处理外，本章还将重要财务指标（如企业总资产、固定资产净值、销售收入和工业总产值）有遗漏的样本剔除，并参照谢千里等（2008）的做法剔除了以下样本：职工人数少于 10 人或缺失、累计折旧

---

① 现有文献通常将行业中间品关税作为企业的中间品关税，这存在一定的误差，且不能反映同一行业中异质性企业的中间品关税差异。

小于当期折旧、工业总产值小于0、成立年份早于记录年份或缺失的样本。另外，对于数据库中的名义变量，本章使用了 Brandt 等（2012）提供的以1998年为基期的平减指数进行了调整。第二套数据是中国海关总署发布的产品层面的月度数据。本章首先将月度数据加总为企业每年的年度数据；然后，将 HS 8 位编码同国际 HS 96 版本的 6 分位编码对齐；最后，按照施炳展和邵文波（2014）的方法对海关数据进行进一步的处理，以计算企业出口产品质量，具体的处理过程如第三章第三节所示。第三套数据是进口关税数据，主要用于计算企业层面的中间品贸易自由化指标。其中，2000年的产品关税数据来源于世界银行的 WITS 数据库，2001～2006年的关税数据来源于 WTO 的 Tariff Download Facility 数据库。

关于数据库的匹配，本章借鉴 Yu（2015）以及毛其淋和许家云（2017）的做法，具体的匹配方法见第五章第三节的数据说明，此处不再赘述。根据三套数据的合并结果，本章计算出来的各主要变量的描述性统计详见表 6 - 2。

表 6 - 2　2000～2006 年全样本变量描述性统计

变量	名称	均值	标准差	p5	p95
quality	出口产品质量	0.583	0.157	0.386	0.908
tari	中间品关税（对数）	2.787	0.771	1.616	4.092
tfp	生产率（对数）	1.420	0.230	1.012	1.742
scale	企业规模（对数）	10.740	1.293	8.899	13.090
age	企业年龄	9.615	9.556	2.000	24.000
rprofit	企业利润水平	0.0306	0.1300	-0.1160	0.1990
pwage	人均工资	15.670	13.980	5.352	35.690
subsidy	补贴强度	0.0068	0.0758	0.0000	0.0244
finance	融资约束	0.0416	0.4870	-0.0075	0.1530
variety	进口中间品种类（对数）	2.688	1.271	0.000	4.595
inputquality	进口中间品质量	0.439	0.122	0.251	0.652
SOE	是否国有企业	0.0305	0.1720	0.0000	0.0000
FOR	是否外资企业	0.806	0.395	0.000	1.000

资料来源：笔者计算。

第三节　中间品贸易自由化对企业出口产品质量的影响效应检验

本章采用双重差分模型识别检验中间品贸易自由化对中国制造业企业出口产品质量的影响效应，但是双重差分法的使用前提是处理组和对照组必须满足"平行（同）趋势假设"。因此，为了保证估计结果的稳健性，本章在基准回归的基础上，还进行了大篇幅的异质性分析和稳健性分析。例如，对"平行（同）趋势假设"进行了检验，并实施了两期倍差法和倾向得分匹配的双重差分法（PSM + DID）估计等，以解决双重差分模型使用过程中可能存在的问题，确保对中间品贸易自由化政策估计效果的有效性。

一　基准估计结果及分析

表 6 – 3 报告了中间品贸易自由化对企业出口产品质量的基准回归结果。其中，前 3 列是式（6 – 1）的基准双重差分法的估计结果，后 3 列是式（6 – 2）的 B – S 双重差分法的估计结果。模型（1）检验了中间品关税削减对企业出口产品质量的净影响；模型（2）加入了企业生产率、企业规模等企业层面的控制变量；模型（3）是在模型（2）解释变量的基础上，进一步控制行业效应以及地区效应的影响。模型（1）~模型（3）的回归结果表明，$Treatment \times WTOpost$ 的系数符号和显著性水平基本没有太大变化，这说明与加工贸易企业相比，一般贸易企业的出口产品质量在中国加入 WTO 之后提升得更多，即中间品贸易自由化促进了企业出口产品质量的升级。控制变量的回归结果基本与现有文献的结论一致，此处不再赘述。此外，表 6 – 3 第（4）~（6）列汇报的是 B – S 双重差分法的估计结果，其中，本章重点关注的 $Treatment \times \tau^{input}$ 的估计系数均显著为负，这说明中间品关税下降后，一般贸易企业的出口产品质量的提升幅度大于加工贸易企业。对照前 3 列，控制变量的回归系数和显著性水平基本没有发生变化，这意味着估计结果比较稳健。

表6-3　中间品贸易自由化对企业出口产品质量的影响（基准回归结果）

变量	基准双重差分法			B-S双重差分法		
	(1)	(2)	(3)	(4)	(5)	(6)
$Treatment$	-0.0670*** (0.0030)	-0.0606*** (0.0031)	-0.0265*** (0.0030)	0.0461*** (0.0062)	0.0367*** (0.0061)	0.0307*** (0.0059)
$WTOpost$	0.0038** (0.0018)	-0.0026** (0.0011)	-0.0004*** (0.0001)			
$Treatment \times WTOpost$	0.0068** (0.0031)	0.0054*** (0.0016)	0.0026** (0.0011)			
τ^{input}				0.0259*** (0.0012)	0.0231*** (0.0012)	0.0064*** (0.0013)
$Treatment \times \tau^{input}$				-0.0026** (0.0012)	-0.0048** (0.0022)	-0.0026** (0.0012)
tfp		0.0339*** (0.0041)	0.0239*** (0.0041)		0.0361*** (0.0040)	0.0221*** (0.0041)
$scale$		0.0089*** (0.0007)	0.0183*** (0.0007)		0.0079*** (0.0008)	0.0171*** (0.0008)
age		-0.0003*** (0.0000)	-0.0004*** (0.0000)		-0.0003*** (0.0000)	-0.0004*** (0.0000)
$rprofit$		0.0106* (0.0059)	0.0268*** (0.0055)		0.0146** (0.0059)	0.0263*** (0.0055)

续表

变量	基准双重差分法				B－S 双重差分法	
	(1)	(2)	(3)	(4)	(5)	(6)
pwage		0.0005 ***	0.0002 ***		0.0005 ***	0.000 *
		(0.0000)	(0.0000)		(0.0000)	(0.0000)
subsidy		0.0002 ***	0.0001 ***		0.0003 ***	0.0002 ***
		(0.0000)	(0.0000)		(0.0000)	(0.0000)
finance		0.0013 ***	0.0011 ***		0.0014 ***	0.0011 ***
		(0.0001)	(0.0001)		(0.0001)	(0.0001)
SOE		− 0.0279 ***	− 0.0069 **		− 0.0276 ***	− 0.005 *
		(0.0050)	(0.0031)		(0.0049)	(0.0051)
FOR		− 0.0394 ***	− 0.0353 ***		− 0.0337 ***	− 0.0339 ***
		(0.0020)	(0.0020)		(0.0020)	(0.0020)
年份固定效应	否	否	否	否	否	是
行业固定效应	否	否	是	否	否	是
地区固定效应	否	否	是	否	否	是
观测值	44963	44963	44963	44963	44963	44963
Adj. R²	0.033	0.049	0.161	0.047	0.060	0.162

注：***、**、*分别表示在1%、5%、10%的水平下显著；括号中为企业层面的聚类标准误。

二 异质性分析

前文的基准回归考察的是中间品贸易自由化对企业出口产品质量的平均影响效应，而未考虑企业的异质性。下面本章分别从企业层面生产率的异质性和融资约束的异质性方面进行分析，以得到更有针对性的结论。

1. 企业生产率的异质性

为了分析中间品贸易自由化对不同生产率企业的出口产品质量的影响，本章借鉴毛其淋和许家云（2016a）的做法，引入了企业相对生产率虚拟变量（reltfp）。本章选取企业生产率的中位数作为基准，如果企业生产率高于中位数，则 reltfp 取值为1；反之，取值为0。在回归方程（6-1）中增加 WTOpost、Treatment 与 reltfp 的两两交互项以及三重交互项。在本部分回归中最关注的是三重交互项 Treatment × WTOpost × reltfp 的系数，用于检验中间品贸易自由化对企业出口产品质量的影响是否因企业生产率不同而存在差异。回归结果如表6-4所示，表6-4第（1）列的三重交互项的估计系数显著为负，表明中间品贸易自由化对相对生产率较高的企业的出口产品质量升级的促进作用较小。对此可能存在的解释是：生产率高的企业使用的中间投入品的价格较高，生产的产品质量也较高（Fan et al., 2015）；其受投入成本变化的影响较小，对中间投入品关税的变化也相对不敏感。而对于生产率较低的企业来说，中间

表6-4　异质性分析结果

变量	生产率异质性		融资约束异质性	
	基准双重差分法	B-S双重差分法	基准双重差分法	B-S双重差分法
Treatment	-0.0304***	0.0251***	-0.0304***	0.0435***
	(0.0040)	(0.0080)	(0.0046)	(0.0088)
WTOpost	-0.0072**		-0.0097*	
	(0.0031)		(0.0058)	

变量	生产率异质性		融资约束异质性	
	基准双重差分法	B – S 双重差分法	基准双重差分法	B – S 双重差分法
$Treatment \times WTOpost$	0. 0040 **		0. 0036 **	
	（0. 0017）		（0. 0013）	
$Treatment \times WTOpost \times reltfp$	− 0. 0035 ***			
	（0. 0011）			
$WTOpost \times reltfp$	− 0. 0010 **			
	（0. 0004）			
$Treatment \times reltfp$	− 0. 0087 **	0. 0192 *		
	（0. 0038）	（0. 0111）		
$reltfp$	− 0. 0046 *	− 0. 0098 **		
	（0. 0028）	（0. 0037）		
τ^{input}		0. 0074 ***		0. 0031 **
		（0. 0018）		（0. 0015）
$Treatment \times \tau^{input}$		− 0. 0069 **		− 0. 0059 **
		（0. 00284）		（0. 00216）
$Treatment \times \tau^{input} \times reltfp$		0. 0101 **		
		（0. 0044）		
$\tau^{input} \times reltfp$		0. 0018		
		（0. 0022）		
$Treatment \times WTOpost \times relfinance$			0. 0022 **	
			（0. 0010）	
$WTOpost \times relfinance$			0. 0027 **	
			（0. 0013）	
$Treatment \times relfinance$			− 0. 0075	− 0. 0267 **
			（0. 0059）	（0. 0120）
$relfinance$			− 0. 0125 ***	0. 0317 ***
			（0. 0027）	（0. 0068）
$\tau^{input} \times relfinance$				− 0. 0073 ***
				（0. 0022）
$Treatment \times \tau^{input} \times relfinance$				− 0. 0071 **
				（0. 0033）

变量	生产率异质性		融资约束异质性	
	基准双重差分法	B－S双重差分法	基准双重差分法	B－S双重差分法
控制变量	控制	控制	控制	控制
年份固定效应	否	是	否	是
行业固定效应	是	是	是	是
地区固定效应	是	是	是	是
观测值	44963	44963	44963	44963
Adj. R²	0.161	0.162	0.162	0.163

注： *** 、 ** 、 * 分别表示在1%、5%、10%的水平下显著；括号中为企业层面的聚类标准误；回归包含的控制变量与前文一致，限于篇幅省略。

品关税下降之后，进口成本降低了，企业可以进口更高价格（或质量）的中间品。因此，与生产率较低的企业相比，较高生产率的企业在中间品贸易自由化中获利相对较少。此外，采取 B－S 双重差分法，重复上述操作，进一步对生产率异质性效应进行稳健性检验，回归结果如表6－4 的第（2）列所示，结果基本一致。

2. 企业融资约束的异质性

近年来，学者们在研究国际贸易问题时越来越关注企业融资约束的作用。本章通过引入企业相对融资约束虚拟变量（*relfinance*）来分析中间品关税减让对不同融资约束企业的出口产品质量的影响。本章选取企业融资约束的中位数作为基准，如果企业融资约束高于中位数，则 *relfinance* 取值为1；反之，取值为0。在基准双重差分法的回归方程（6－1）中增加 *WTOpost*、*Treatment* 与 *relfinance* 的两两交互项以及三重交互项。回归结果如表6－4 的第（3）列所示，三重交互项 *Treatment* × *WTOpost* × *relfinance* 的系数显著为正，说明中间品贸易自由化有助于缓解融资约束对企业出口产品质量升级的抑制作用，而且中间品贸易自由化对融资约束程度较低的企业的出口产品质量促进作用更大。进一步地，采取 B－S 双重差分法对此进行稳健性检验，回归结果基本一致，详细报告如表6－4 的第（4）列所示。

三　稳健性分析

上述分析得到的一个重要结论是，中间品贸易自由化显著促进了企业出口产品质量升级。为了保证这一结果的可靠性和稳定性，下面本章将从 6 个方面进行稳健性检验。

1. 平行趋势假设检验

双重差分法的使用前提是不同组别之间必须满足平行（同）趋势假设，否则会影响政策的估计效果。平行趋势假设的含义是，在中国加入 WTO 之前，一般贸易与加工贸易企业的出口产品质量应该有相同的变化趋势。本章参考毛其淋和许家云（2017）的做法，选取中国加入 WTO 之前的样本（即 2000 ~ 2001 年），以 2000 年作为政策干预的年份并采用式（6 - 1）的基准双重差分模型重新进行估计。① 估计结果如表 6 - 5 的第（1）列所示，双重差分法估计量 $Treatment \times WTOpost$ 的系数不显著，这意味着在政策冲击之前，一般贸易企业与加工贸易企业的出口产品质量的变动轨迹是相同的。但是，这样做似乎不能让人信服，因为 $Treatment \times WTOpost$ 的系数不显著也有可能是由样本量较少导致的。为了解决这个问题，本章又选取 2001 ~ 2002 年的观测值为样本，并以 2001 年作为政策干预的年份，再一次进行双重差分估计，检验结果如表 6 - 5 的第（2）列所示。本章发现，双重差分法估计量 $Treatment \times WTOpost$ 的系数在 5% 的水平下通过了显著性检验，这说明在 2001 年之后一般贸易企业出口产品质量的提升幅度比加工贸易企业大，这一结论与样本量无关。据此说明在中国加入 WTO 之前，一般贸易企业与加工贸易企业的出口产品质量满足平行趋势假设。

2. 两期倍差法估计

前文研究中的模型是基于多期双重差分法，而多期双重差分法存在序列相关问题，可能导致估计系数的显著性水平不够准确。本章借鉴

① 由于在 2000 年中国尚未加入 WTO 和出现大幅度关税下降，所以这一检验也称为"安慰剂检验"（Placebo Test）。

Bertrand 等（2004）的做法，重新构建两期双重差分法模型进行稳健性检验。具体来说，首先，将样本分为两个阶段，分别是 2000～2001 年（加入 WTO 之前）和 2002～2006 年（加入 WTO 之后）；其次，对每一个阶段的企业的变量求算术平均值；最后，进行双重差分估计。估计结果如表 6-5 的第（3）列所示，$Treatment \times WTOpost$ 的系数依然显著为正，与前文多期双重差分法的估计结果一致，说明中间品贸易自由化促进了企业出口产品质量升级，证明了回归结果的稳健性。

3. 因变量替换

借鉴 Nevo（2001）与施炳展和邵文波（2014）的做法，将企业 i 对 c 国以外的其他市场出口产品的平均价格作为该企业对 c 国出口产品价格的工具变量，重新测算企业出口产品质量，代替前文中的出口产品质量。表 6-5 的第（4）列报告的是采取基准双重差分法的估计结果，$Treatment \times WTOpost$ 的系数显著为正；第（5）列报告的是采取 B-S 双重差分法的估计结果，$Treatment \times \tau^{input}$ 的系数显著为负，与前文的基准估计结果保持一致，再次表明中间品贸易自由化有利于企业出口产品质量升级。

4. 自变量替换

根据式（6-3），利用基准估计里的 B-S 双重差分法测度的企业中间品关税权重会随着年份而改变，这样可能会产生内生性问题。[①] 为了解决这一问题，本章借鉴 Feng 等（2012）的做法，采用固定的权重 α_{ih}，即由整个样本期间内产品 h 的进口占企业 i 中间品总进口的平均比重来衡量，重新测算企业进口中间品关税，代替 B-S 双重差分法模型（6-2）重新进行估计。回归结果如表 6-6 的第（1）列所示，估计量 $Treatment \times \tau^{input}$ 的系数显著为负，表明中间品贸易自由化有利于企业出口产品质量升级，与基准估计的结果一致。

---

① 产品进口关税率变动可能会对企业所进口的中间品组合产生反向影响，进而作用于权重（某产品占企业中间品总进口的比重）。

5. 控制最终品关税

中国加入 WTO 既会带来中间品关税的下降，也会产生最终品关税的削减。而最终品关税的下降所产生的竞争效应也会影响企业出口产品质量，在本章前面的分析中未考虑这一点。基于此，现将企业最终品关税（τ_{it}^{output}）① 也作为控制变量加入回归模型的式（6－1）和式（6－2）中再次进行估计。回归结果如表 6－6 的第（2）列和第（3）列所示，其中，双重差分估计量的系数和显著性水平基本与前文一致，表明中间品贸易自由化提高了企业出口产品质量。此外，τ_{it}^{output} 的系数均显著为负，说明最终品关税下降的竞争效应也会带来企业出口产品质量的提升，与既有文献的结论相吻合（Amiti and Khandelwal，2013；汪建新，2014；刘晓宁、刘磊，2015）。

6. 倾向得分匹配的双重差分法估计（PSM + DID）

对照组的选择也可能会影响双重差分法的估计效果，而企业贸易方式的选择也不是完全外生的，因此选择一般贸易企业与加工贸易企业分别作为处理组和对照组也会让人心存疑虑。为了消除顾虑，本章采用基于倾向得分匹配的双重差分法再次进行稳健性检验。首先，将加入 WTO 前为加工贸易但加入 WTO 后为一般贸易的企业作为处理组，将加入 WTO 前后均为加工贸易的企业作为备选对照组；其次，选择企业生产率、企业规模、企业年龄、企业利润率以及是否为国有企业等虚拟变量作为匹配变量，采取最近邻匹配方法从备选对照组中寻找匹配的对照组企业；最后，对匹配后的样本再次进行基准双重差分法和 B－S 双重差分法估计，回归结果如表 6－6 的第（4）列和第（5）列所示。② 可以看出，$Treatment \times WTOpost$ 和 $Treatment \times \tau^{input}$ 的估计系数的符号和显

---

① 企业最终品关税反映了由最终品关税水平变动引致的来自国外厂商的竞争程度。其计算公式为 $\tau_{it}^{output} = \sum \theta_{ift} \tau_{ft}$，$\tau_{ft}$ 表示 t 年进口最终品 f 的进口税率，θ_{ift} 表示 t 年产品 f 的进口额占企业 i 的最终品进口总额的份额。企业最终品关税越低，代表来自国外厂商的竞争程度越高。

② 为了确保匹配结果的可靠性，我们进行了匹配平衡性检验，结果发现，在匹配后各匹配变量的标准偏差的绝对值均小于 20%，而且处理组与对照组企业在所有的可观测特征上均不存在显著差异，这说明本章对匹配变量和匹配方法的选取是恰当的。

著性水平与表6-3第（3）列和第（6）列的结果基本一致，这表明中间品贸易自由化促进了企业出口产品质量升级，即本章的结论较稳健。

表6-5　稳健性检验（一）

变量	平行趋势检验		两期倍差法	因变量替换	
	（1）	（2）	（3）	（4）	（5）
Treatment	-0.0265***	-0.0297***	-0.0286***	-0.0189***	0.0398***
	（0.0046）	（0.0042）	（0.0037）	（0.0048）	（0.0081）
WTOpost	-0.0020	-0.0039**	-0.0021**	-0.0026**	
	（0.0018）	（0.0019）	（0.0010）	（0.0012）	
Treatment × WTOpost	0.0043	0.0046**	0.0019***	0.0022**	
	（0.0048）	（0.0022）	（0.0003）	（0.0011）	
τ^{input}					0.0033**
					（0.0016）
$Treatment \times \tau^{input}$					-0.0079***
					（0.0029）
tfp	0.0176**	0.0239***	0.0282***	0.0118*	0.0114**
	（0.0076）	（0.0074）	（0.0059）	（0.0070）	（0.0058）
scale	0.0171***	0.0189***	0.0172***	0.0145***	0.0141***
	（0.0015）	（0.0014）	（0.0011）	（0.0015）	（0.0010）
age	0.0006***	0.0004**	0.0005***	0.0003**	0.0002*
	（0.0002）	（0.0002）	（0.0001）	（0.0001）	（0.0001）
rprofit	0.0299***	0.0207**	0.0250***	0.0014	0.0017**
	（0.0107）	（0.0087）	（0.0076）	（0.0108）	（0.0008）
pwage	0.0001	0.0002**	0.0001**	-0.0001	0.0001**
	（0.0001）	（0.0000）	（0.0000）	（0.0001）	（0.0000）
subsidy	0.0068**	-0.0068	-0.0050	0.0044**	0.0051***
	（0.0033）	（0.0077）	（0.0080）	（0.0022）	（0.0013）
finance	0.0037***	0.0003	-0.0028	0.0029**	0.0028**
	（0.0004）	（0.0014）	（0.0028）	（0.0013）	（0.0012）
SOE	-0.0059**	-0.0040*	0.0017	-0.0097***	0.0091
	（0.0030）	（0.0022）	（0.0069）	（0.0031）	（0.0070）

续表

变量	平行趋势检验		两期倍差法	因变量替换	
	（1）	（2）	（3）	（4）	（5）
FOR	− 0.0277 ***	− 0.0394 ***	− 0.0321 ***	− 0.0229 ***	− 0.0222 ***
	（0.0040）	（0.0042）	（0.0027）	（0.0040）	（0.0028）
常数项	0.677 ***	0.730 ***	0.715 ***	0.587 ***	0.584 ***
	（0.0305）	（0.0269）	（0.0196）	（0.0366）	（0.0287）
年份固定效应	否	否	否	否	是
行业固定效应	是	是	是	是	是
地区固定效应	是	是	是	是	是
观测值	14467	16107	27079	33323	33323
Adj. R^2	0.169	0.173	0.165	0.127	0.127

注：***、**、*分别表示在1%、5%、10%的水平下显著；括号中为企业层面的聚类标准误。

表 6 - 6　稳健性检验（二）

变量	自变量替换	控制最终品关税		PSM + DID	
	（1）	（2）	（3）	（4）	（5）
Treatment	0.0248 ***	− 0.0263 ***	0.0313 ***	− 0.0483 ***	0.0391 **
	（0.0040）	（0.0034）	（0.0059）	（0.0116）	（0.0152）
WTOpost		− 0.0005 ***		− 0.0006 ***	
		（0.0001）		（0.0002）	
Treatment × WTOpost		0.0025 **		0.0023 **	
		（0.0012）		（0.0011）	
τ^{input}	0.0053 ***		0.0048 ***		0.0083 ***
	（0.0009）		（0.0012）		（0.0026）
Treatment × τ^{input}	− 0.0010 **		− 0.0029 ***		− 0.0039 **
	（0.0005）		（0.0011）		（0.0019）
τ_{it}^{output}		− 0.0021 ***	− 0.0036 **		
		（0.0008）	（0.0018）		
tfp	0.0261 ***	0.0239 ***	0.0246 ***	0.0204 ***	0.0196 ***
	（0.0041）	（0.0050）	（0.0041）	（0.0065）	（0.0065）
scale	0.0180 ***	0.0183 ***	0.0178 ***	0.0174 ***	0.0164 ***
	（0.0008）	（0.0011）	（0.0007）	（0.0012）	（0.0012）

续表

变量	自变量替换	控制最终品关税		PSM + DID	
	（1）	（2）	（3）	（4）	（5）
age	− 0.0004 ***	− 0.0004 ***	− 0.0004 ***	− 0.0004 **	− 0.0004 **
	（0.0000）	（0.0001）	（0.0000）	（0.0002）	（0.0002）
rprofit	0.0258 ***	0.0268 ***	0.0273 ***	0.0225 ***	0.0224 ***
	（0.0056）	（0.0069）	（0.0055）	（0.0073）	（0.0073）
pwage	0.0001 **	0.0002 **	0.0001	0.0002 **	0.0005 *
	（0.0000）	（0.0001）	（0.0003）	（0.0000）	（0.0003）
subsidy	− 0.0033	0.0041 **	− 0.0044	0.0005	− 0.0006
	（0.0081）	（0.0021）	（0.0095）	（0.0002）	（0.0094）
finance	0.0008 **	0.0011	− 0.0011	0.0059	0.0062 *
	（0.0004）	（0.0014）	（0.0013）	（0.0029）	（0.0032）
SOE	− 0.0077 **	0.0069	− 0.0074 **	− 0.0053 **	0.0044
	（0.0038）	（0.0072）	（0.0037）	（0.0026）	（0.0076）
FOR	− 0.0336 ***	− 0.0353 ***	− 0.0342 ***	− 0.0294 ***	− 0.0279 ***
	（0.0021）	（0.0029）	（0.0020）	（0.0031）	（0.0031）
常数项	0.738 ***	0.729 ***	0.735 ***	0.678 ***	0.694 ***
	（0.0152）	（0.0193）	（0.0154）	（0.0237）	（0.0245）
年份固定效应	是	否	是	否	是
行业固定效应	是	是	是	是	是
地区固定效应	是	是	是	是	是
观测值	43588	44963	44963	16722	16722
Adj. R^2	0.162	0.161	0.162	0.163	0.164

注：***、**、*分别表示在1%、5%、10%的水平下显著；括号中为企业层面的聚类标准误。

第四节　中间品贸易自由化影响企业出口产品质量的机制分析

为了深入研究中间品贸易自由化影响出口产品质量的渠道和路径，本节建立了中介效应模型，进一步地考察了贸易政策变化对企业出口产品质量升级的作用机制。中介效应探究的是自变量 X 如何影响因变量 Y 的问题，其分析的目的是在已知 X 和 Y 关系的基础上，探索产生这个关系的内部作用机制，它被广泛应用于社会科学研究，如管理学、心理学和传播学等。中介效应分析通常包括三步：第一步，Y 对 X 的回归，检验回归系数 c 的显著性，第二步，M 对 X 的回归，检验回归系数 a 的显著性；第三步，Y 对 X 和 M 的回归，检验回归系数 b 和 c' 的显著性。如果系数 c、a 和 b 都显著，就表示存在中介效应。中介变量的研究不仅可以解释关系背后的作用机制，还能整合已有的研究或理论，具有显著的理论和实践意义。

一　中介效应模型与指标度量

前文一系列的分析证实了中间品贸易自由化对企业出口产品质量的积极影响。进一步地，为了让本章的结论更有说服力，为了更深入地了解中间品贸易自由化与企业出口产品质量之间的关系，本章结合前文的分析，选取进口中间品种类和进口中间品质量作为中介变量①，通过建立中介效应模型来考察中间品贸易自由化影响企业出口产品质量的机制和过程。具体来说，参考现有文献的做法，主要分三步进行：第一步，先将因变量（出口产品质量）对基本自变量进行回归；第二步，再将中介变量（进口中间品种类和进口中间品质量）对基本自变量进行回归；第三步，将因变量（出口产品质量）同时对基本自变量和中介变量（进口中间品种类和进口中间品质量）进行回归。基于此，本章构建了以下四个方程：

$$quality_{it} = \alpha_0 + \alpha_1 Treatment_i + \alpha_2 WTOpost_t + \\ \alpha_3 Treatment_i \times WTOpost_t + X_{it}\gamma + \theta_j + \theta_k + \varepsilon_{it} \qquad (6-4)$$

---

① 需要说明的是，本章主要根据中间品贸易自由化和企业出口产品质量的相关文献，选择进口中间品种类和进口中间品质量作为中介变量进行检验。当然，除了这两个渠道，中间品贸易自由化还可能通过其他方式对企业出口产品质量产生影响，因此，如何更深入、全面地挖掘中间品贸易自由化影响企业出口产品质量的更多渠道仍然是未来进一步研究的方向。

$$variety_{it} = \beta_0 + \beta_1 Treatment_i + \beta_2 WTOpost_t +$$
$$\beta_3 Treatment_i \times WTOpost_t + X_{it}\gamma + \theta_j + \theta_k + \varepsilon_{it} \qquad (6-5)$$

$$inputquality_{it} = \gamma_0 + \gamma_1 Treatment_i + \gamma_2 WTOpost_t +$$
$$\gamma_3 Treatment_i \times WTOpost_t + X_{it}\gamma + \theta_j + \theta_k + \varepsilon_{it} \qquad (6-6)$$

$$quality_{it} = \delta_0 + \delta_1 Treatment_i + \delta_2 WTOpost_t + \delta_3 Treatment_i \times WTOpost_t +$$
$$\varphi \times variety_{it} + \lambda \times inputquality_{it} + X_{it}\gamma + \theta_j + \theta_k + \varepsilon_{it} \qquad (6-7)$$

其中，$variety_{it}$ 表示企业 i 在 t 年进口中间品的种类，以企业—产品—国家对（取对数）表示。$inputquality_{it}$ 表示企业 i 在第 t 年的进口中间品质量，本章采用施炳展和曾祥菲（2015）的事后反推法来测算企业进口的所有中间品的质量，然后将企业进口的所有中间品的质量进行加权加总，进而得到企业层面的进口中间品质量。[①] 进口中间品种类 $variety_{it}$ 和进口中间品质量 $inputquality_{it}$ 的基本描述性统计见表 6 - 2，其他的变量以及下标的含义都和前文一致。

二　影响机制检验

中介效应模型的估计结果如表 6 - 7 所示。其中，第（1）列是对基准倍差法模型（6 - 4）的估计结果[②]，双重差分法 $Treatment \times WTOpost$ 的系数显著为正，说明中间品贸易自由化促进了企业的出口产品质量升级。模型（6 - 5）和模型（6 - 6）的估计结果如表 6 - 7 的第（2）列和第（3）列所示，其中，第（2）列的回归结果显示 $Treatment \times WTOpost$ 的估计系数为正并且通过 1% 水平的显著性检验，这说明中间品贸易自由化增加了企业的进口中间品种类。具体地，与加工贸易企业相比，一般贸易企业的产品种类（对数）在中国加入 WTO 之后增加了 0.03 个单位。对此可能的解释是，中间品关税下降之后，企业的进口

---

① 限于篇幅，具体测算过程不再赘述，备索。

② 实际上，表 6 - 7 第（1）列是重复表 6 - 3 第（3）列的回归，只不过是将回归样本调整至与表 6 - 7 中的其余回归相同，以便更好地进行中介效应模型检验。可以看到，表 6 - 7 中的观测值少于表 6 - 3 的基准回归，这主要是因为我们在测算进口中间品质量时剔除了一些异常样本。

成本随之降低，以前没有能力购买的中间品，在关税下降之后也可以购买了，因此进口中间品的种类增加了。同样，表6－7第（3）列的回归结果表明，与加工贸易企业相比，一般贸易企业的进口中间品质量在中国加入 WTO 之后也得到了显著的提高，即中间品贸易自由化促进了企业进口中间品质量的提升，这一点与现有研究的结论是一致的（余淼杰、李乐融，2016；施炳展、张雅睿，2016）。

此外，本章将中介变量 $variety$ 和 $inputquality$ 分别加入式（6－4）中进行检验，回归结果如表6－7的第（4）列和第（5）列所示。很容易看出，$variety$ 和 $inputquality$ 的系数均显著为正，这表明进口中间品种类的增加和质量的提升都可以促进企业出口产品质量升级。此外，与表6－7第（1）列结果相比，在控制中介变量之后，核心变量 $Treatment \times WTOpost$ 的估计系数都变小了，这说明进口中间品种类的增加和中间品质量的提升是中间品关税下降导致企业出口产品质量升级的两个可能的渠道。最后，将中介变量 $variety$ 和 $inputquality$ 同时加入式（6－4）中进行估计，结果如表6－7的第（6）列所示。$Treatment \times WTOpost$ 的估计系数依然显著为正，只是系数有了一定程度的下降，从0.0015下降至0.0010，这再次证明了进口中间品种类和进口中间品质量这两个中介效应是存在的。

表 6－7　影响机制检验结果

变量	（1）	（2）	（3）	（4）	（5）	（6）
	$quality$	$variety$	$inputquality$	$quality$	$quality$	$quality$
$Treatment$	－ 0.0267 ***	－ 0.184 ***	－ 0.0088 ***	－ 0.0240 ***	－ 0.0260 ***	－ 0.0236 ***
	（0.0037）	（0.0262）	（0.0030）	（0.0037）	（0.0037）	（0.0037）
$WTOpost$	－ 0.0018 **	－ 0.211 ***	－ 0.0001 **	－ 0.0050 ***	－ 0.0019 **	－ 0.0048 ***
	（0.0007）	（0.0122）	（0.0000）	（0.0017）	（0.0009）	（0.0017）
$Treatment \times WTOpost$	0.0015 **	0.0282 ***	0.0026 **	0.0011 **	0.0013 ***	0.0010 **
	（0.0007）	（0.0014）	（0.0012）	（0.0005）	（0.0004）	（0.0005）
tfp	0.0247 ***	0.531 ***	0.0262 ***	0.0168 ***	0.0227 ***	0.0158 ***
	（0.0055）	（0.042）	（0.0044）	（0.0054）	（0.0054）	（0.0054）

变量	（1）	（2）	（3）	（4）	（5）	（6）
	quality	*variety*	*inputquality*	*quality*	*quality*	*quality*
scale	0.0182***	0.445***	0.0239***	0.0115***	0.0163***	0.0105***
	（0.0012）	（0.0078）	（0.0010）	（0.0012）	（0.0012）	（0.0012）
age	−0.0004***	−0.0004	−0.0001	−0.0004***	−0.0004***	−0.0004***
	（0.0001）	（0.001）	（0.0001）	（0.0001）	（0.0001）	（0.0001）
rprofit	0.0332***	0.0124	−0.0084	0.0330***	0.0325***	0.0325***
	（0.0075）	（0.0508）	（0.0054）	（0.0074）	（0.0074）	（0.0074）
pwage	0.000*	0.0078***	−0.0002***	0.0003***	0.0002*	0.0003***
	（0.0000）	（0.0000）	（0.0000）	（0.0000）	（0.0000）	（0.0000）
subsidy	−0.0013*	−0.0631	0.0019**	−0.0023	−0.0015**	−0.0023
	（0.0007）	（0.0613）	（0.0008）	（0.0073）	（0.0007）	（0.0074）
finance	0.0003***	0.0369**	0.0011	0.0009**	−0.0004	0.0001**
	（0.0001）	（0.0164）	（0.0010）	（0.0004）	（0.0013）	（0.0000）
SOE	−0.0027	−0.0353**	−0.0086**	−0.0021	−0.0033*	−0.0027**
	（0.0077）	（0.0170）	（0.0038）	（0.0076）	（0.0017）	（0.0013）
FOR	−0.0354***	−0.0168***	−0.0453***	−0.0194***	−0.0318***	−0.0177***
	（0.0033）	（0.0057）	（0.0031）	（0.0034）	（0.0033）	（0.0034）
variety				0.0150***		0.0139***
				（0.0011）		（0.0011）
inputquality					0.0783***	0.0603***
					（0.0106）	（0.0106）
常数项	0.746***	−2.978***	0.675***	0.701***	0.693***	0.663***
	（0.0212）	（0.135）	（0.0177）	（0.0209）	（0.0223）	（0.0220）
行业固定效应	是	是	是	是	是	是
地区固定效应	是	是	是	是	是	是
观测值	36801	36801	36801	36801	36801	36801
Adj. R^2	0.171	0.377	0.126	0.180	0.175	0.182

注：***、**、*分别表示在1%、5%、10%的水平下显著；括号中为企业层面的聚类标准误。

第五节　本章小结

本章采用事后反推法较准确地测算了企业出口产品质量，然后基于中国加入 WTO 这一准自然实验，使用双重差分法有效地识别了中间品贸易自由化对企业出口产品质量升级的积极作用。在进行了平行趋势假设检验、两期倍差法以及倾向得分匹配之后的双重差分法等一系列稳健性检验和内生性分析之后，本章的研究结论依然成立。进一步地，本章还考察了在企业生产率异质性和融资约束异质性下，中间品贸易自由化对企业出口产品质量的作用效应。结果发现，中间品贸易自由化对生产率不同的企业的出口产品质量的影响存在差异，相比低生产率企业，生产率较高的企业出口产品质量的提升幅度较小，获利较少。中间品贸易自由化可以缓解融资约束对企业出口产品质量的负向影响，而对融资约束不同的企业的出口产品质量的影响也有所不同，相比融资约束程度高的企业，对于融资约束程度较低的企业，中间品贸易自由化对企业出口产品质量的影响效应更大。此外，本章进一步地建立中介效应模型来深入考察中间品贸易自由化对企业出口产品质量的作用渠道和机制。研究发现，中间品贸易自由化导致进口中间品种类增加和进口中间品质量提升，而中间品种类增加和质量提升对企业出口产品质量都有显著的正向作用，因而进口中间品种类增加和质量提升是中间品关税下降促进企业出口产品质量升级的两个可能的渠道。

这一系列结论对中国制定合理的贸易政策以使企业更好地参与国际市场竞争、实现经济持续健康发展具有重要的启示意义。首先，继续推进和深化中间品贸易自由化改革。由于中间品关税减让可以促进企业出口产品质量升级，所以为了促进中国制造业企业朝着更好的方向发展以及对外贸易由规模领先向质量领先转变，还需要进一步深化中间品贸易自由化改革。除了世界贸易组织框架下的改革之外，中国还应开展与周边国家和地区的多边、双边的贸易合作，建立一个多层次的全球生产网络。其次，不断优化企业中间品的进口结构，鼓励企业进口多样化的中间品和高质量的中间品。本章的研究表明，进口中间品种类增加和质量提升是中间品贸易自由化影响企业出口产品质量的两个作用渠道，因此企业应把握这一机遇，进口高技术含量的中间品。尤其鼓励生产率较低的企业使用国际先进质量标准，进口先进技术设备和精密零部件，向全球价值链分工的高端环节攀升。再次，企业必须有相应的吸收和转化能力，才能有效发挥进口中间品种类增加和质量提升对出口产品质量的促进作用。因此应激励企业加大人力资本和研发的投入，提高创新能力，从技术模仿向技术创新转变，进而实现由中国制造向中国创造的转变以及由贸易大国向贸易强国的转变。最后，还要加大金融体制改革的力度，提高金融资源的配置效率和企业的外部融资能力，促进企业出口产品质量的持续升级。

当然，我们的研究仍然有待深入探讨和改进，例如，基于数据的可得性和数据质量的考虑，本章选取了 2000～2006 年的中国工业企业数据和中国海关贸易数据库的匹配样本。虽然用该阶段的样本数据探讨中间品贸易自由化、中间品进口对中国制造业企业的绩效影响具有一定的代表性，但是仅能反映中国加入 WTO 之后的基本情况和主要变化。随着中国对外开放程度的不断深化，特别是近几年中国经济增速放缓进入新常态后，中国的对外贸易和制造业出现了新情况和新变化，现有数据样本则无法满足研究需要，有待未来进行扩充。

第七章

主要结论、政策启示与研究展望

进口是连接国内循环和国际循环的关键纽带，积极扩大进口对中国构建新发展格局意义重大。随着世界经济一体化的发展，基于产品内的国际分工也日渐深化，一件产品的生产过程通常要跨越多个国家才能完成，因此带动了全球中间品贸易的发展。发展中国家可以根据自身的要素禀赋和比较优势加入全球生产链条，从事某一细化的生产环节。在这个过程中，发展中国家既可以直接获取国际分工和贸易带来的利益，又可以通过进口发达国家的中间投入品，间接汲取发达国家的技术溢出效应，提升发展中国家企业的绩效水平，实现后发追赶。积极扩大进口有利于国内生产质量提升和生产效率提高，有利于通过增加国内供给影响商品价格进而影响分配，有利于通过提高进口便利化程度优化流通渠道，有利于通过增加高质量产品供给满足国内消费升级的需求。与此同时，积极扩大进口可以进一步加快国际要素与国内生产的融合，通过进口国际资源服务国内生产的方式可以更好地提高出口竞争力。

改革开放以来，对外开放一直是中国的重要发展战略之一。随着2001年底中国加入世界贸易组织之后，中国的对外贸易呈爆发式增长。目前，中国已经成为全球货物贸易规模最大的国家和世界第二大经济体。本书基于异质性企业贸易理论的研究成果，对中间品贸易自由化影响企业出口产品质量、中间品进口影响企业生产率和加成率的作用机制进行分析，并采用中国工业企业数据、海关贸易数据和关税数据，综合运用了 OLS、FGLS、固定效应模型、工具变量（2SLS）、GMM、双重差分法、PSM + DID、分位数回归、中介效应模型等多种计量方法进行实证检验。本章首先归纳概括了全书的主要研究结论，然后在此基础上提出相应的政策启示，最后指出了本书的研究不足和未来的研究展望。

第一节　主要结论与政策启示

中国加入世界贸易组织以来，对外贸易快速增长。其中，中间品贸易呈蓬勃发展之势，这引起了政府部门和学术界的高度关注。目前，中国已成为名副其实的进口大国，而且进口规模还在持续增加。在这种情况下，企业作为经济活动的微观主体，对其生产率、加成率及产品质量等异质性的研究显得非常有意义。本书在梳理既有研究文献的基础上，对中间品贸易自由化、中间品进口对异质性企业绩效的影响效应的相关研究，以及企业成本加成（或加成率）、企业出口产品质量的相关研究进行概括总结。基于异质性企业贸易理论的研究成果，对中间品贸易自由化影响企业出口产品质量、中间品进口影响企业生产率和加成率的作用机制进行规范分析。在规范分析的基础上，本书采用中国工业企业微观数据、海关贸易数据和关税数据，运用多种计量方法进行实证分析，以检验规范分析结论的科学性。

一　主要结论

1. 关于进口中间品质量与企业全要素生产率

本书基于 2000 ~ 2006 年中国工业企业数据和海关贸易数据，测算了进口中间品质量和企业全要素生产率，并深入考察了进口中间品质量对企业全要素生产率的影响，得到的主要结论包括以下五方面。

第一，从总体上看，提高进口中间品质量可以显著提升企业的全要素生产率，在进行了工具变量、系统 GMM、变量替换以及分位数回归等一系列的回归分析后，结果依然是稳健的。

第二，考虑到进口中间品质量对不同所有制类型企业和不同贸易方式的企业生产率的影响是不同的，本书引入了中间品质量与企业贸易方式虚拟变量和企业所有制虚拟变量的交互项。回归结果发现，进口中间品质量对加工贸易企业生产率的影响力度大于一般贸易企业和其他贸易企业；在所有制方面，进口中间品质量对外资企业的生产率影响最大，其次是民营企业，而对国有企业的促进作用较小。

第三，对进口中间品质量不同的企业进行分样本回归，其结果表明，相比高质量的进口中间品，低质量的进口中间品不能产生较大的技术溢出效应和学习效应，因而不能提高企业的生产率。

第四，为了考察来自不同国家的进口中间品质量对企业生产率的不同影响，本书将企业进口中间品的来源国分为 OECD 国家和非 OECD 国家并进行分样本估计，结果发现不管企业是从非 OECD 国家进口，还是从 OECD 国家进口，进口中间品质量的提升都可促进企业生产率的提高。

第五，为了深入探讨进口中间品质量对生产率不同的企业的影响程度有何差异。本书进一步采用了分位数的回归方法，其结果表明，当 10% 的最低生产率组的进口中间品质量提高 1 个单位时，企业的生产率会提升 2.73%，当 10% 的最高生产率组的进口中间品质量提高 1 个单位时，企业的生产率会提升 1.22%。也就是说，同时提高 1 个单位的进口中间品质量，生产率最低的 10% 企业平均增加的生产率将会比生产率最高的 10% 企业平均增加的生产率高出 1.51 个百分点，这就意味着全面提高进口中间品质量可以自动地缩小企业间生产率水平的差距。

此外，本书的一系列实证检验结果都显示企业规模、利润水平、融资能力以及市场竞争强度与企业生产率的关系显著为正，而政府补贴与企业生产率的关系显著为负，这表明政府补贴政策的有效性值得斟酌。

2. 关于中间品进口、产品差异化程度与企业成本加成提升

本书基于中国制造业企业层面的微观数据，测算了中国制造业企业的成本加成，在此基础上提炼了有关企业成本加成的典型事实，并据此提出本书的研究假说。然后构建包含中间品进口、产品差异化程度及企业成本加成的计量模型，深入考察了中间品进口对产品差异化程度不同

的企业成本加成的促进作用，实证检验结果如下。

第一，在其他条件不变的情况下，进口中间投入品对企业的成本加成有显著的正向影响。

第二，考虑到行业的产品差异化程度不同，本书引入了中间品进口与产品差异化程度的交互项，回归结果表明，中间品进口对差异化行业的企业成本加成的提升作用更大。鉴于模型的因变量和自变量之间可能存在反向因果关系而导致内生性问题，本书选择企业层面的中间投入品关税作为企业进口中间品的工具变量进行两阶段最小二乘法回归，结果表明回归结果是稳健的。

第三，进一步考虑到较高的市场集中度对企业技术研发具有促进作用，本书通过引入市场集中度指数及其与中间品进口、产品差异化程度的交互项进行计量回归，研究发现，较高的市场集中度显著强化了中间品进口对差异化行业的企业成本加成的促进作用。

第四，虽然本书的实证分析结果表明中间品进口对产品差异化程度较大的企业成本加成的提升作用显著为正，但是这个回归系数的数值却很小，这反映了中国企业的研发投入不足，研发转化的效率仍然不高。

第五，为了更全面地揭示中间品进口对企业成本加成的影响作用，本书进一步采用了分位数回归方法进行分析。本书选取了 10%、30%、50%、70% 和 90% 共 5 个代表性分位数，其回归结果表明，分位数越高，中间品进口的系数越高，这意味着对于初始成本加成较高的企业，中间品进口对企业成本加成的提升作用较大。

3. 关于中间品贸易自由化与企业出口产品质量

本书基于中国加入 WTO 这一准自然实验，使用双重差分法有效地识别了中间品贸易自由化对企业出口产品质量升级的促进作用。

首先，本书将一般贸易企业作为处理组，将加工贸易企业作为对照组，构建了双重差分模型。回归结果显示，中间品关税每下降 1 个单位，一般贸易企业的出口产品质量的提升幅度比加工贸易企业高 0.26个单位。考虑到回归结果的稳健性，本书还用企业中间品关税代替基准双重差分模型里的时间虚拟变量，构建了 B-S 双重差分模型进一步进行估计，结果没有发生明显改变。

其次，为了得到更有针对性的结论，本书还基于企业层面生产率的异质性和融资约束的异质性进行更深入的分析。结果表明，中间品贸易自由化对相对生产率较低的企业的出口产品质量升级的促进作用较大。造成这一现象的原因可能是，生产率较低的企业对投入成本的变化较敏感，在中间品关税下降之后，进口成本降低了，企业可以进口更高价格或质量的中间品，所以对出口产品质量升级的影响作用也就更大。此外，通过引入核心变量与企业相对融资约束虚拟变量的交互项，实证结果发现，中间品关税的降低可以缓解融资约束对企业出口产品质量升级的抑制作用，而且中间品贸易自由化对融资约束程度较低的企业的出口产品质量的促进作用较大。

再次，为了保证本书结果的可靠性和稳定性，采用了平行趋势假设检验、两期倍差法、因变量替换、自变量替换、控制最终品关税以及 PSM + DID 等 6 个方法进行稳健性检验和内生性分析，核心解释变量的系数和显著性水平基本没有发生变化，说明本书的研究结论依然成立。

最后，为了更深入地考察中间品贸易自由化与企业出口产品质量之间的关系，本书选取进口中间品质量和进口中间品种类作为中介变量，通过构建中介效应模型来分析中间品贸易自由化影响企业出口产品质量的机制和过程。影响机制的检验结果表明，进口中间品种类的增加和进口中间品质量的提升是中间品关税下降影响企业出口产品质量升级的两个可能的渠道。

二　政策启示

上述结论对中国制定合理的贸易政策以使企业更好地参与国际市场竞争、实现经济持续健康发展具有重要的启示意义。据此，本书提出如下的政策建议。

第一，继续推进和深化中间品贸易自由化改革。本书的研究表明：中间品贸易自由化带来的中间品关税减让，有利于促进中国制造业企业的出口产品质量升级。不断降低中间品进口关税率，可以节省企业的进口成本，从而使企业增加进口中间品种类，提升进口中间品质量，促进中国制造业企业出口产品质量升级，增强中国对外贸易的竞争力；此外，继续推进和深化中间品贸易自由化改革，对改善企业的生存环境和提高企业的生产效率都很有意义。因此，中间品贸易自由化为中国制造业企业的持续发展和中国经济的增长做出了巨大的贡献。为了促进中国制造业企业朝着更好的方向发展，还需要进一步深化中间品贸易自由化改革。当然，除了世界贸易组织框架下的改革之外，中国还应开展与周边国家和地区的多边、双边的贸易合作，建立一个多层次的全球生产网络。

第二，继续扩大中间品进口。从国内层面看，中国经济进入转型期，面临人口红利消失和资源环境约束的窘境；从国际层面看，长期的国际贸易顺差也使中国处于不利的位置。此外，随着贸易保护主义的盛行，出口贸易的增长空间不断被压缩，因此中国亟须转变贸易模式，提高外贸竞争力。继续扩大中间品进口，不但可以调节中国长期的国际贸易顺差，改善国际贸易关系，而且可以提升制造业企业的成本加成，进而提高中国企业的国际竞争力，有利于经济社会的可持续发展。进一步地，本书的经验研究表明，提升进口中间品质量可以对制造业企业的全要素生产率产生显著的正向影响，这充分肯定了中国"促进口"政策对企业发展、经济增长和持续发展的积极作用。

第三，不断优化企业中间品的进口结构，鼓励企业进口多样化的中间品和高质量的中间品，尤其对于生产率较低的企业来说，它们会从中获益更多，出口产品质量和全要素生产率的提升幅度也会更大。此外，要鼓励企业同时从 OECD 国家和非 OECD 国家进口中间品，充分发挥二者形成的互补效应。有关中间品贸易自由化与企业出口产品质量升级的研究发现，中间品进口种类增加和中间品进口质量升级是中间品贸易自由化促进制造业企业出口产品质量升级的两个可能的渠道。因此，在不断扩大中间品进口规模的同时，更应该注重进口中间品的质量问题。鼓励引导企业进口多样化、高质量的中间品，以获取国外更高的技术资源，促进中国制造业企业生产率和加成率的提升。同时，为有效吸收国外的研发成果和先进技术，本书认为应当发挥从 OECD 国家和非 OECD 国家进口产品的互补效应，取长补短，进而有利于中国企业的效率提升和制造业转型升级。

第四，中间品贸易政策的制定要基于差异化的行业特征和企业异质性的特征。一方面，中间品进口对差异化行业的企业成本加成的提升作用更大，故应进一步鼓励产品差异化程度较大的行业扩大开放，降低贸易壁垒，增加进口。此外，差异化行业里的中小民营企业由于市场集中度低、企业研发投入不足，没有充分地吸纳进口中间品的技术外溢效应。因此，为了充分发挥中间品进口对企业成本加成的促进作用，对于产品差异化程度较大的行业，应适当提高其市场集中度；通过培训或者技术支持，激励中小民营企业进行技术转化，尽可能多地吸纳进口中间品产生的技术外溢效应，增强企业的研发能力，以提高企业的成本加成。另一方面，有关进口中间品质量与企业生产率关系的研究表明，提高进口中间品质量对初始生产率较低的企业的影响较大，激励生产率水平较低的企业进口中高质量的中间品，并通过对低生产率企业的培训或技术支持，促进其最大限度地吸收进口中间品质量的技术溢出效应，进而缩小企业间的生产率水平差距。

第五，中国政府不仅要鼓励企业进口高质量的中间品，更重要的是激发企业的创新能力和研发能力，并且加大金融体制改革的力度，提高非国有企业的外部融资能力，促进企业出口产品质量的持续升级；同时斟酌制定对国有企业的补贴政策，努力创造一个公平有效率的市场环境。由于中国的企业创新能力不足，中国大部分企业在全球生产网络中处于劳动密集型的低端环节，所以自主创新的内在动力不足。此外，价值链低端的位置决定了中国企业在全球生产网络中只能获得微薄的利润，因而也无法提供企业创新所需的高额的研发投入。有关中间品贸易自由化与企业出口产品质量升级的研究表明，中间品贸易自由化对较低程度融资约束企业的出口产品质量升级的促进作用更大。因此，中国需要建立一套有效的金融系统，将资源有效分配到有创新能力和发展前景的企业中去；还需要制定强有力的知识产权保护法来鼓励企业去创新，并保护创新企业的利益。

第二节　研究展望

本书基于中间品贸易的角度分析了中国制造业企业的全要素生产率、加成率和出口产品质量的变化，在一定程度上丰富了有关中间品贸易与中国制造业企业绩效的经验研究。此外，本书的研究更深入地揭示了中国嵌入全球价值链的机遇与挑战，也为进口结构优化和企业转型升级提供了一定的政策依据。当然，由于数据获取的限制和研究重点的取舍以及笔者能力的不足，本书尚存在一些不足，有待以后进一步的完善，主要表现在以下几个方面。

首先，在理论研究方面。本书对中间品贸易的理论研究，特别是对中间品进口的理论模型进行了梳理，为本书的经验研究分析提供了一定的理论支撑。这样做虽然为本书的实证分析提供了理论基础，但是本书的理论分析略显粗浅，尚不严谨。如何细化中间品贸易自由化、中间品进口对企业绩效的影响机制分析还需要进一步探讨，特别是建立中间品贸易对企业绩效影响的理论模型，故本书的理论分析有待深入。

其次，在实证检验的数据方面。一方面，基于数据的可得性和数据质量的考虑，本书选取了 2000～2006 年的中国工业企业数据和中国海关贸易数据的匹配样本。虽然用该阶段的样本数据探讨中间品贸易自由化、中间品进口对中国制造业企业的绩效影响具有一定的代表性，但是仅能反映中国加入 WTO 之后的基本情况和主要变化。随着中国对外开放程度的不断深化，特别是近几年中国经济增速放缓进入新常态后，中国的对外贸易和制造业出现了新情况和新变化，现有数据样本无法满足研究需要，有待未来进行扩充。另一方面，本书通过对中国工业企业数据库和中国海关贸易数据库进行匹配得到包含丰富指标的实证样本数据，虽然样本观测值的绝对数量（4 万～7 万个）不少，但是整体匹配结果与既有文献还有一定差距，这也是未来有待改进的地方之一。

再次，在实证检验的方法上。虽然本书综合运用了 OLS、FGLS、固定效应模型、工具变量（2SLS）、两步系统 GMM、双重差分法、PSM + DID、分位数回归、中介效应模型等多种计量方法，但是在对中间品进口与企业成本加成以及进口中间品质量与企业生产率之间关系的探讨中，本书的研究只是使用较为简单的模型进行了初步检验，而没有考察相关的微观机制和影响路径，未来在数据允许的情况下有待使用更为先进的实证方法再次进行检验。

此外，本书基于中国制造业企业的微观数据，深入考察了中间品进口对企业生产率、加成率的正向影响。而中间品进口规模的扩大也会给中国经济带来某些负面的影响效应，如对国内中间品的挤压效应、加大外汇储备损耗以及减少就业岗位等问题。因此，综合分析中间品进口的利与弊，扬长避短，最有效地发挥中间品进口的积极作用，值得今后进一步进行持续深入的研究。

最后，本书的实证研究仅限于对中国制造业企业的分析，而实际上服务业尤其是生产性服务业的发展在全球分工和贸易中也处于很重要的位置。因此，要想提高中国在全球价值链上的地位和贸易利得，也要考虑服务业的发展水平。将服务业发展考虑在内，构建一个对中国经济更具解释力的整体分析框架，也是未来有待突破的方向之一。

参考文献

[1] 陈昊、李俊丽、陈建伟，2020，《中间品进口来源地结构与企业加成率：理论模型与经验证据》，《国际贸易问题》第 4 期。

[2] 陈明，2020，《进口贸易自由化有助于转变中国工业经济发展方式吗?》，《经济问题》第 9 期。

[3] 陈平、郭敏平，2020，《中间品进口来源地与中国企业全要素生产率：基于贸易网络地位的研究》，《国际贸易问题》第 11 期。

[4] 陈勇兵、仇荣、曹亮，2012，《中间品进口会促进企业生产率增长吗——基于中国企业微观数据的分析》，《财贸经济》第 3 期。

[5] 程虹、马娟霞、罗连发，2018，《进口中间品自我选择效应的异质性——基于"中国企业－劳动力匹配调查"的实证分析》，《国际贸易问题》第 2 期。

[6] 程凯、杨逢珉，2020，《进口中间品质量升级与制造业全球价值链攀升》，《广东财经大学学报》第 5 期。

[7] 戴觅、余淼杰，2011，《企业出口前研发投入、出口及生产率进步——来自中国制造业企业的证据》，《经济学》（季刊）第 1 期。

[8] 戴臻，2010，《中英中间品贸易要素构成分析》，《国际贸易问题》第 1 期。

[9] 樊海潮、郭光远，2015，《出口价格、出口质量与生产率间的关系：中国的证据》，《世界经济》第 2 期。

[10] 樊海潮、张丽娜，2018，《中间品贸易与中美贸易摩擦的福利效应：基于理论与量化分析的研究》，《中国工业经济》第 9 期。

［11］高越、李荣林，2008，《异质性、分割生产与国际贸易》，《经济学》（季刊）第 10 期。

［12］耿伟、王亥园，2019，《制造业投入服务化与中国出口企业加成率》，《国际贸易问题》第 4 期。

［13］耿晔强、狄媛，2017，《中间品贸易自由化、制度环境与企业加成率——基于中国制造业企业的实证研究》，《国际经贸探索》第 5 期。

［14］郭克莎，2005，《中国技术密集型产业发展的趋势、作用和战略》，《产业经济研究》第 5 期。

［15］何欢浪、蔡琦晟、章韬，2021，《进口贸易自由化与中国企业创新——基于企业专利数量和质量的证据》，《经济学》（季刊）第 2 期。

［16］黄先海、诸竹君、宋学印，2016a，《中国出口企业阶段性低加成率陷阱》，《世界经济》第 3 期。

［17］黄先海、诸竹君、宋学印，2016b，《中国中间品进口企业"低加成率之谜"》，《管理世界》第 7 期。

［18］李春顶，2010，《中国出口企业是否存在"生产率悖论"基于中国制造业企业数据的检验》，《世界经济》第 7 期。

［19］李坤望、蒋为、宋立刚，2014，《中国出口产品品质变动之谜：基于市场进入的微观解释》，《中国社会科学》第 3 期。

［20］李强，2020，《中国进口贸易政策的演进：特征与启示》，《经济体制改革》第 4 期。

［21］李小平、彭书舟、肖唯楚，2021，《中间品进口种类扩张对企业出口复杂度的影响》，《统计研究》第 4 期。

［22］李秀芳、施炳展，2016，《中间品进口多元化与中国企业出口产品质量》，《国际贸易问题》第 3 期。

［23］李志远、余淼杰，2013，《生产率、信贷约束与企业出口：基于中国企业层面的分析》，《经济研究》第 6 期。

［24］刘景卿、于佳雯、车维汉，2019，《FDI 流动与全球价值链分工变

化——基于社会网络分析的视角》，《财经研究》第 3 期。

[25] 刘啟仁、黄建忠，2016，《产品创新如何影响企业加成率》，《世界经济》第 11 期。

[26] 刘啟仁、黄建忠，2015，《异质出口倾向、学习效应与 "低加成率陷阱"》，《经济研究》第 12 期。

[27] 刘世锦，2014，《中国经济增长十年展望》，《新经济导刊》第 10 期。

[28] 刘世锦、刘培林、何建武，2015，《我国未来生产率提升潜力与经济增长前景》，《管理世界》第 3 期。

[29] 刘晓宁，2015，《贸易自由化、异质性企业出口决策与出口产品质量升级研究》，博士学位论文，山东大学。

[30] 刘晓宁、刘磊，2015，《贸易自由化对出口产品质量的影响效应——基于中国微观制造业企业的实证研究》，《国际贸易问题》第 8 期。

[31] 龙世国、湛柏明，2018，《中间品贸易对中国的增长效应研究》，《国际贸易问题》第 2 期。

[32] 卢锋，2004，《产品内分工》，《经济学》（季刊）第 4 期。

[33] 鲁晓东，2014，《技术升级与中国出口竞争力变迁：从微观向宏观的弥合》，《世界经济》第 8 期。

[34] 鲁晓东、连玉君，2012，《中国工业企业全要素生产率估计：1999－2007》，《经济学》（季刊）第 2 期。

[35] 吕越、陈帅、盛斌，2018，《嵌入全球价值链会导致中国制造的 "低端锁定" 吗?》，《管理世界》第 8 期。

[36] 马述忠、吴国杰，2016，《中间品进口、贸易类型与企业出口产品质量——基于中国企业微观数据的研究》，《数量经济技术经济研究》第 11 期。

[37] 毛其淋，2013，《贸易自由化、异质性与企业动态：对中国制造业企业的经验研究》，博士学位论文，南开大学。

[38] 毛其淋、许家云，2017，《中间品贸易自由化提高了企业加成率

吗？——来自中国的证据》，《经济学》（季刊）第 2 期。

［39］毛其淋、许家云，2015，《中间品贸易自由化、制度环境与生产率演化》，《世界经济》第 9 期。

［40］毛其淋、许家云，2016a，《中间品贸易自由化与制造业就业变动——来自中国加入 WTO 的微观证据》，《经济研究》第 1 期。

［41］毛其淋、许家云，2016b，《中国对外直接投资如何影响了企业加成率：事实与机制》，《世界经济》第 6 期。

［42］聂辉华、贾瑞雪，2011，《中国制造业企业生产率与资源误置》，《世界经济》第 7 期。

［43］聂辉华、江艇、杨汝岱，2012，《中国工业企业数据库的使用现状和潜在问题》，《世界经济》第 5 期。

［44］彭冬冬、刘景卿，2017，《中间品贸易自由化与中国制造业企业的成本加成》，《产业经济研究》第 1 期。

［45］彭国华，2005，《中国地区收入差距、全要素生产率及其收敛分析》，《经济研究》第 9 期。

［46］彭国华、夏帆，2013，《中国多产品出口企业的二元边际及核心产品研究》，《世界经济》第 2 期。

［47］彭支伟、张伯伟，2018，《中国国际分工收益的演变及其决定因素分解》，《中国工业经济》第 6 期。

［48］彭支伟、张伯伟，2017，《中间品贸易、价值链嵌入与国际分工收益：基于中国的分析》，《世界经济》第 10 期。

［49］齐俊妍、吕建辉，2016，《进口中间品对中国出口净技术复杂度的影响分析——基于不同技术水平中间品的视角》，《财贸经济》第 2 期。

［50］钱学锋、陈超，2015，《在华跨国公司利润转移与投资税收弹性估计》，《国际商务研究》第 3 期。

［51］钱学锋、范冬梅，2015，《国际贸易与企业成本加成：一个文献综述》，《经济研究》第 2 期。

［52］钱学锋、范冬梅、黄汉民，2016a，《进口竞争与中国制造业企业

的成本加成》,《世界经济》第 3 期。

［53］ 钱学锋、毛海涛、徐小聪,2016b,《中国贸易利益评估的新框架——基于双重偏向型政策引致的资源误置视角》,《中国社会科学》第 12 期。

［54］ 钱学锋、潘莹、毛海涛,2015,《出口退税、企业成本加成与资源误置》,《世界经济》第 8 期。

［55］ 钱学锋、王备,2018,《异质性企业与贸易政策:一个文献综述》,《世界经济》第 7 期。

［56］ 钱学锋、王胜、黄云湖,2011,《进口种类与中国制造业全要素生产率》,《世界经济》第 5 期。

［57］ 任曙明、张静,2013,《补贴、寻租成本与加成率——基于中国装备制造企业的实证研究》,《管理世界》第 10 期。

［58］ 沈能、赵增耀、周晶晶,2014,《生产要素拥挤与最优集聚度识别——行业异质性的视角》,《中国工业经济》第 5 期。

［59］ 盛斌、陈帅,2017,《全球价值链、企业异质性与企业的成本加成》,《产业经济研究》第 4 期。

［60］ 盛斌、毛其淋,2017,《进口贸易自由化是否影响了中国制造业出口技术复杂度》,《世界经济》第 12 期。

［61］ 盛丹,2013,《国有企业改制、竞争程度与社会福利——基于企业成本加成率的考察》,《经济学》(季刊)第 4 期。

［62］ 盛丹、刘竹青,2017,《汇率变动、加工贸易与中国企业的成本加成率》,《世界经济》第 1 期。

［63］ 盛丹、王永进,2012,《中国企业低价出口之谜——基于企业成本加成的视角》,《管理世界》第 5 期。

［64］ 施炳展,2011,《企业异质性、地理距离与中国出口产品价格的空间分布》,《南方经济》第 2 期。

［65］ 施炳展,2014,《中国企业出口产品质量异质性:测度与事实》,《经济学》(季刊)第 1 期。

［66］ 施炳展、邵文波,2014,《中国企业出口产品质量测算及其决定

因素——培育出口竞争新优势的微观视角》，《管理世界》第9期。

［67］施炳展、曾祥菲，2015，《中国企业进口产品质量测算与事实》，《世界经济》第3期。

［68］施炳展、张雅睿，2016，《贸易自由化与中国企业进口中间品质量升级》，《数量经济技术经济研究》第9期。

［69］石峰、王忓、龚六堂，2018，《汇率传递异质性、中间品贸易与中国货币政策》，《世界经济》第7期。

［70］宋跃刚、郑磊，2020，《中间品进口、自主创新与中国制造业企业出口产品质量升级》，《世界经济研究》第11期。

［71］苏理梅、彭冬冬、兰宜生，2016，《贸易自由化是如何影响中国出口产品质量的？——基于贸易政策不确定性下降的视角》，《财经研究》第4期。

［72］孙辉煌，2008，《贸易竞争与加成定价——基于中国制造行业数据》，《产业经济研究》第5期。

［73］孙晓华、王昀，2014，《企业规模对生产率及其差异的影响——来自工业企业微观数据的实证研究》，《中国工业经济》第5期。

［74］田巍、余淼杰，2013，《企业出口强度与进口中间品贸易自由化：来自中国企业的实证研究》，《管理世界》第1期。

［75］田巍、余淼杰，2014，《中间品贸易自由化和企业研发：基于中国数据的经验分析》，《世界经济》第6期。

［76］汪建新，2014，《贸易自由化、质量差距与地区出口产品质量升级》，《国际贸易问题》第10期。

［77］王维薇，2014，《中间品进口、全要素生产率与出口的二元边际》，博士学位论文，南开大学。

［78］魏浩、郭也、周丽群，2019，《中国货物贸易进口的产品结构和比较优势测算》，《国际贸易》第5期。

［79］魏浩、李翀、赵春明，2017，《中间品进口的来源地结构与中国企业生产率》，《世界经济》第6期。

［80］魏浩、李晓庆，2018，《进口投入品与中国企业的就业变动》，《统计研究》第 1 期。

［81］魏浩、连慧君，2020，《来自美国的进口竞争与中国制造业企业就业》，《财经研究》第 8 期。

［82］魏浩、林薛栋，2017，《进口产品质量与中国企业创新》，《统计研究》第 6 期。

［83］吴国杰，2017，《开放经济条件下中国创新驱动研究》，博士学位论文，浙江大学。

［84］武力超、刘莉莉，2018，《信贷约束对企业中间品进口的影响研究——基于世界银行微观企业调研数据的实证考察》，《经济学动态》第 3 期。

［85］谢千里、罗斯基、张轶凡，2008，《中国工业生产率的增长与收敛》，《经济学》（季刊）第 3 期。

［86］谢谦、刘维刚、张鹏杨，2021，《进口中间品内嵌技术与企业生产率》，《管理世界》第 2 期。

［87］许和连、王海成，2016，《最低工资标准对企业出口产品质量的影响研究》，《世界经济》第 7 期。

［88］许家云，2015，《人民币汇率与中国制造业出口企业行为研究——基于企业异质性视角的理论与实证分析》，博士学位论文，南开大学。

［89］许家云、毛其淋、胡鞍钢，2017，《中间品进口与企业出口产品质量升级：基于中国证据的研究》，《世界经济》第 3 期。

［90］许明，2016，《市场竞争、融资约束与中国企业出口产品质量提升》，《数量经济技术经济研究》第 9 期。

［91］许明、邓敏，2016，《产品质量与中国出口企业加成率——来自中国制造业企业的证据》，《国际贸易问题》第 10 期。

［92］杨继军、刘依凡、李宏亮，2020，《贸易便利化、中间品进口与企业出口增加值》，《财贸经济》第 4 期。

［93］殷德生、唐海燕、黄腾飞，2011，《国际贸易、企业异质性与产

品质量升级》，《经济研究》第 S2 期。

［94］余淼杰，2011，《加工贸易、企业生产率和关税减免——来自中国产品面的证据》，《经济学》（季刊）第 4 期。

［95］余淼杰，2010，《中国的贸易自由化与制造业企业生产率》，《经济研究》第 12 期。

［96］余淼杰、李晋，2015，《进口类型、行业差异化程度与企业生产率提升》，《经济研究》第 8 期。

［97］余淼杰、李乐融，2016，《贸易自由化与进口中间品质量升级——来自中国海关产品层面的证据》，《经济学》（季刊）第 2 期。

［98］余淼杰、袁东，2016，《贸易自由化、加工贸易与成本加成——来自我国制造业企业的证据》，《管理世界》第 9 期。

［99］余淼杰、张睿，2017a，《中国制造业出口质量的准确衡量：挑战与解决方法》，《经济学》（季刊）第 2 期。

［100］余淼杰、张睿，2017b，《人民币升值对出口质量的提升效应：来自中国的微观证据》，《管理世界》第 5 期。

［101］岳文，2017，《中国制造业企业进入退出与总体加成率的动态演化》，《产业经济研究》第 6 期。

［102］张洪胜，2017，《贸易自由化、融资约束与中国外贸转型升级》，博士学位论文，浙江大学。

［103］张杰，2015a，《进口对中国制造业企业专利活动的抑制效应研究》，《中国工业经济》第 7 期。

［104］张杰，2015b，《金融抑制、融资约束与出口产品质量》，《金融研究》第 6 期。

［105］张杰、刘志彪、张少军，2008，《制度扭曲与中国本土企业的出口扩张》，《世界经济》第 10 期。

［106］张杰、郑文平、陈志远，2015a，《进口与企业生产率——中国的经验证据》，《经济学》（季刊）第 2 期。

［107］张杰、翟福昕、周晓艳，2015b，《政府补贴、市场竞争与出口产品质量》，《数量经济技术经济研究》第 4 期。

[108] 张杰、张帆、陈志远，2016，《出口与企业生产率关系的新检验：中国经验》，《世界经济》第 6 期。

[109] 张杰、郑文平、陈志远，2014，《进口是否引致了出口：中国出口奇迹的微观解读》，《世界经济》第 6 期。

[110] 张进财、左小德，2013，《企业竞争力评价指标体系的构建》，《管理世界》第 10 期。

[111] 张天华、张少华，2016，《中国工业企业全要素生产率的稳健估计》，《世界经济》第 4 期。

[112] 张洋，2017，《政府补贴提高了中国制造业企业出口产品质量吗》，《国际贸易问题》第 4 期。

[113] 张翊、陈雯、骆时雨，2015，《中间品进口对中国制造业全要素生产率的影响》，《世界经济》第 9 期。

[114] 赵建春、毛其淋，2015，《进口自由化如何影响中国制造业企业的创新活动》，《世界经济研究》第 12 期。

[115] 郑亚莉、王毅、郭晶，2017，《进口中间品质量对企业生产率的影响：不同层面的实证》，《国际贸易问题》第 6 期。

[116] 钟建军，2016，《进口中间品质量与中国制造业企业全要素生产率》，《中南财经政法大学学报》第 3 期。

[117] 周记顺、洪小羽，2021，《进口中间品、进口资本品与企业出口复杂度》，《国际贸易问题》第 2 期。

[118] 周黎安，2007，《中国地方官员的晋升锦标赛模式研究》，《经济研究》第 7 期。

[119] 朱希伟、金祥荣、罗德明，2005，《国内市场分割与中国的出口贸易扩张》，《经济研究》第 12 期。

[120] 祝树金、张鹏辉，2015，《出口企业是否具有更高的价格加成：中国制造业的证据》，《世界经济》第 4 期。

[121] 祝树金、钟腾龙、李仁宇，2018，《中间品贸易自由化与多产品出口企业的产品加成率》，《中国工业经济》第 1 期。

[122] Ackerberg, D. A. , Caves, K. , Frazer, G. 2015. "Identification Proper-

ties of Recent Production Function Estimators. ”*Econometrica* 83(6):
2411 – 2451.

[123] Aghion, P. , Howitt, P. 1992. “A Model of Growth through Creative De-
struction. ”*Econometrica* 60(2):323 – 351.

[124] Ahn, J. B. , Khandelwal, A. K. , Wei, S. J. 2011. “The Role of Interme-
diaries in Facilitating Trade. ”*Journal of International Economics* 84
(1):73 – 85.

[125] Akerman, A. 2018. “A Theory on the Role of Wholesalers in Interna-
tional Trade Based on Economies of Scope. ”*Canadian Journal of Eco-
nomics/Revue Canadienne Déconomique* 51(1):156 – 185.

[126] Altomonte, C. , Barattieri, A. 2015. “Endogenous Markups, Internation-
al Trade, and the Product Mix. ”*Journal of Industry Competition &
Trade* 15(3):205 – 221.

[127] Altomonte, C. , Pennings, E. 2008. “Domestic Plant Productivity and
Incremental Spillovers from Foreign Direct Investment. ”*Journal of In-
ternational Business Studies* 40(7):1131 – 1148.

[128] Amiti, M. , Khandelwal, A. K. 2013. “Import Competition and Quality
Upgrading. ”*Review of Economics and Statistics* 95(2):476 – 490.

[129] Amiti, M. , Konings, J. 2007. “Trade Liberalization, Intermediate In-
puts, and Productivity: Evidence from Indonesia. ”*American Economic
Review* 97(5):1611 – 1638.

[130] Arkolakis, C. 2010. “Market Penetration Costs and the New Consumers
Margin in International Trade. ”*Journal of Political Economy* 118(6):
1151 – 1199.

[131] Arndt, S. W. 1997. “Globalization and the Open Economy. ”*North A-
merican Journal of Economics & Finance* 8(1):71 – 79.

[132] Baldwin, R. , Harrigan, J. 2007. “Zeros, Quality and Space: Trade The-
ory and Trade Evidence. ”NBER Working Paper.

[133] Baldwin, R. E. , Okubo, T. 2006. “Heterogeneous Firms, Agglomeration

and Economic Geography: Spatial Selection and Sorting. "*Journal of Economic Geography* 6(3): 323 – 346.

[134] Bas, M. , Strauss-Kahn, V. 2015. "Input-trade Liberalization, Export Prices and Quality Upgrading. "*Journal of International Economics* 95 (2): 250 – 262.

[135] Bas, M. 2012. "Input-trade Liberalization and Firm Export Decisions: Evidence from Argentina. "*Journal of Development Economics* 97(2): 481 – 493.

[136] Bekes, G. , Altomonte, C. 2010. "Trade Complexity and Productivity. " *Social Science Electronic Publishing* 16(914).

[137] Bellone, F. , Musso, P. , Nesta, L. , Warzynski, F. 2016. "International Trade and Firm-level Markups When Location and Quality Matter. " *Journal of Economic Geography* 16(1): 67 – 91.

[138] Bergstrand, J. H. , Egger, P. 2013. "What Determines BITs?" *Journal of International Economics* 90(1): 107 – 122.

[139] Bernard, A. B. , Eaton, J. , Jensen, J. B. , Kortum, S. 2003. "Plants and Productivity in International Trade. "*American Economic Review* 93(4) : 1268 – 1290.

[140] Bernard, A. B. , Jensen, B. J. 1999. "Exporting and Productivity. "*NBER Working Papers* 20(35): 343 – 357.

[141] Bernard, A. B. , Jensen, J. B. , Redding, S. J. , Schott, P. K. 2007. "Firms in International Trade. "*Journal of Economic Perspectives* 21(3): 105 – 130.

[142] Bernard, A. B. , Wagner, J. 2001. "Export Entry and Exit by German Firms. " *Weltwirtschaftliches Archiv* 137(1): 105 – 123.

[143] Bertrand, M. , Duflo, E. , Mullainathan, S. 2004. "How Much Should We Trust Differences-in-differences Estimates?" *Quarterly Journal of Economics* 119(1): 249 – 275.

[144] Blalock, G. , Veloso, F. M. 2007. "Imports, Productivity Growth, and Supply Chain Learning. "*World Development* 35(7): 1134 – 1151.

［145］ Blum, B. S. , Claro, S. , Horstmann, I. 2010. "Facts and Figures on Intermediated Trade. "*American Economic Review* 100(2):419 – 423.

［146］ Brandt, L. , Biesebroeck, J. V. , Wang, L. 2017. "WTO Accession and Performance of Chinese Manufacturing Firms. "*American Economic Review* 107(9):2784 – 2820.

［147］ Brandt, L. , Biesebroeck, J. V. , Zhang, Y. 2012. "Creative Accounting or Creative Destruction? Firm-level Productivity Growth in Chinese Manufacturing. "*Journal of Development Economics* 97:339 – 351.

［148］ Bustos, P. 2005. "Rising Wage Inequality in the Argentinean Manufacturing Sector: The Impact of Trade and Foreign Investment on Technology and Skill Upgrading"Unpub Paper, Harvard University.

［149］ Bustos, P. 2011. "The Impact of Trade Liberalization on Skill Upgrading Evidence from Argentina. "*American Economic Review* 101(1): 304 – 340.

［150］ Chaney, T. 2008. "Distorted Gravity: The Intensive and Extensive Margins of International Trade. "*American Economic Review* 98(4):1707 – 1721.

［151］ Coe, D. T. , Helpman, E. 1995. "International R&D Spillovers. "*European Economic Review* 39(5):859 – 887.

［152］ Connolly, J. 2003. "Insurers, Regulators Tussle over Getting Written Opinion on Securities. (Regulation). "*National Underwriter* 34(127): 355 – 369.

［153］ Corden, W. M. 1966. "The Structure of a Tariff System and the Effective Protective Rate. "*Journal of Political Economy* 74(3): 221 – 237.

［154］ Cosar, K. , Guner, N. , Tybout, J. 2016. "Firm Dynamics, Job Turnover, and Wage Distributions in an Open Economy. "*Social Science Electronic Publishing* 106(3):625 – 663.

［155］ Damijan, J. P. , Kostevc, Č. 2010. "Learning from Trade Through Innovation: Causal Link between Imports, Exports and Innovation in Spanish Microdata. "Licos Discussion Papers.

[156] Deardorff, A. V. 2000. "Factor Prices and the Factor Content of Trade Revisited: What's the Use? "*Journal of International Economics* 50 (1): 73 – 90.

[157] Deardorff, A. V. 2001. "Fragmentation in Simple Trade Models. "*North American Journal of Economics & Finance* 12(2): 121 – 137.

[158] Deardorff, A. V. 2010. "International Provision of Trade Services, Trade, and Fragmentation. "*Review of International Economics* 9(2): 233 – 248.

[159] De Loecker, J. , Goldberg, P. K. , Khandelwal, A. K. , Pavcnik, N. 2016. "Prices, Markups, and Trade Reform. "*Econometrica* 84(2): 445 – 510.

[160] De Loecker, J. , Warzynski, F. 2012. "Markups and Firm-level Export Status. " *American Economic Review* 102(6): 2437 – 2471.

[161] Domowitz, I. , Hubbard, R. G. , Petersen, B. C. 1986. "Business Cycles and the Relationship between Concentration and Price-Cost Margins. " *Rand Journal of Economics* 17(1): 1 – 17.

[162] Driffield, N. 2002. "Multinational Firms and the Theory of International Trade. "MIT Press F163 – F164.

[163] Eaton, J. , Kortum, S. 2002. "Technology, Geography, and Trade. "*Econometrica* 70(5): 1741 – 1779.

[164] Ederington, J. , McCalman, P. 2008. "Endogenous Firm Heterogeneity and the Dynamics of Trade Liberalization. "*Journal of International Economics* 74(2): 422 – 440.

[165] Ernst, D. , Kim, L. 2002. "Global Production Networks, Knowledge Diffusion, and Local Capability Formation. "*Research Policy* 31(8 – 9): 1417 – 1429.

[166] Ethier, W. 1982. "National an International Returns to Scale in the Modern Theory of International Trade. "*American Economic Review* 72 (3): 389 – 405.

［167］ Falvey, R. , Greenaway, D. , Yu, Z. 2006. "Extending the Melitz Model to Asymmetric Countries. " *SSRN Electronic Journal* 29(279) : 368 – 373.

［168］ Falvey, R. , Greenaway, D. , Yu, Z. 2004. "Intra-industry Trade between Asymmetric Countries with Heterogeneous Firms. " *Ssrn Electronic Journal* 25: 112 – 136.

［169］ Fan, H. , Li, Y. A. , Yeaple, S. R. 2018. "On the Relationship between Quality and Productivity: Evidence from China's Accession to the WTO. " *Journal of International Economics* 110(1) : 28 – 49.

［170］ Fan, H. , Li, Y. A. , Yeaple, S. R. 2015. "Trade Liberalization, Quality, and Export Price. " *The Review Economics and Statistics* 97 (5) : 1033 – 1051.

［171］ Feenstra, R. C. , Hanson, G. H. 1996. "Globalization, Outsourcing, and Wage Inequality. " *American Economic Review* 86(2) : 240 – 245.

［172］ Feenstra, R. C. , Hanson, G. H. 2003. "Global Production Sharing and Rising Inequality: A Survey of Trade and Wages. " In *Handbook of International Trade*, edited by K. Choi and J. Harrigan, pp. 146 – 185. Blackwell Publishing Ltd.

［173］ Feenstra, R. C. , Hanson, G. H. 1999. "The Impact of Outsourcing and High-technology Capital on Wages: Estimates For the United States, 1979 – 1990. " *Quarterly Journal of Economics* 114(3) : 907 – 940.

［174］ Feenstra, R. C. , Romalis, J. 2014. "International Prices and Endogenous Quality. " *Quarterly Journal of Economics* 129(2) : 477 – 527.

［175］ Feenstra, R. C. 2010. "Measuring the Gains from Trade under Monopolistic Competition. " *Canadian Journal of Economics* 43(1) : 1 – 28.

［176］ Feenstra, R. C. 2014. "Restoring the Product Variety and Pro-competitive Gains from Trade with Heterogeneous Firms and Bounded Productivity. " NBER Working Paper 19833.

［177］ Felice, G. , Tajoli, L. 2015. "Innovation and the International Fragmentation of Production: Complements or Substitutes?" Unpublished Working Paper.

[178] Feng, L. , Li, Z. , Swenson, D. L. 2012. "The Connection between Imported Intermediate Inputs and Exports: Evidence from Chinese Firms. " *Journal of International Economics* 101: 86 – 101.

[179] Freund, C. , Chang, H. , Wei, S. J. 2011. "China's Trade Response to Exchange Rate. " The 68th International Atlantic Economic Conference.

[180] Goldberg, P. K. , Khandelwal, A. K. , Pavcnik, N. , Topalova, P. 2010. "Imported Intermediate Inputs and Domestic Product Growth: Evidence from India. " *Quarterly Journal of Economics* 125(4): 1727 – 1767.

[181] Goldberg, P. K. , Khandelwal, A. K. , Pavcnik, N. , Topalova, P. 2011. "Trade Liberalization and New Imported Inputs. " *American Economic Review* 99(2): 494 – 500.

[182] Goldberg, P. K. , Khandelwal, A. K. , Pavcnik, N. , Topalova, P. 2009. "Trade Liberalization and New Imported Inputs. " *American Economic Review* 99(2): 494 – 500.

[183] Grossman, G. M. , Helpman, E. 1991. "Quality Ladders in the Theory of Growth. " *Review of Economic Studies* 58(1): 43 – 61.

[184] Hall, R. E. 1986. "Market Structure and Macroeconomic Fluctuations. " *Brookings Papers on Economic Activity* 17(2): 285 – 338.

[185] Hallak, J. C. , Schott, P. K. 2011. "Estimating Cross-Country Differences in Product Quality. " *Quarterly Journal of Economics* 126(1): 417 – 474.

[186] Hallak, J. C. , Sivadasan, J. 2009. "Firms' Exporting Behavior under Quality Constraints. " NBER Working Paper 14928.

[187] Hallak, J. C. 2006. "Product Quality and the Direction of Trade. " *Journal of International Economics* 68(1): 238 – 265.

[188] Halpern, L. , Koren, M. , Szeidl, A. 2015. "Imports Input and Produc-

tivity. "*American Economic Review* 105(12):3660 – 3703.

[189] Hansen, J. D. , Nielsen, U. M. 2007. "Choice of Technology, Firm heterogeneity, and Exports. "Working Paper.

[190] Helpman, E. , Krugman, P. 1985. *Market Structure and Foreign Trade: Increasing Returns, Imperfect Competition and International Economy.* Cambridge, MA: MIT Press.

[191] Helpman, E. , Melitz, M. J. , Yeaple, S. R. 2004. "Export versus FDI with Heterogenous Firms. "*American Economic Review* 94(1):300 – 316.

[192] Hottman, C. J. , Redding, S. J. , Weinstein, D. E. 2016. "Quantifying the Sources of Firm Heterogeneity. "*Quarterly Journal of Economics* 131(3):1291 – 1364.

[193] Hsieh, C. T. , Klenow, P. J. 2009. "Misallocation and Manufacturing TFP in China and India. "*Quarterly Journal of Economics* 124(4): 1403 – 1448.

[194] Hummels, D. , Ishii, J. , Yi, K. M. 2001. "The Nature and Growth of Vertical Specialization in World Trade. "*Journal of International Economics* 54(1):75 – 96.

[195] Hummels, D. , Klenow, P. 2005. "The Variety and Quality of a Nation's Exports. "*American Economic Review* 95(3):704 – 723.

[196] Jones, R. W. , Kierzkowski, H. 2001a. "Globalization and the Consequences of International Fragmentation. "In *Money, Capital Mobility & Trade: Essays in Honor of Robert A. Mundell,* edited by R. Dornbusch, pp. 365 – 383. Cambridge, MA: MIT Press.

[197] Jones, R. W. , Kierzkowski, H. 2001b. "A Framework for Fragmentation. "Tinbergen Institute Discussion Papers 17 – 34.

[198] Jones, R. W. , Kierzkowski, H. 1988. "The Role of Services in Production and International Trade: A Theoretical Framework. "RCER Working Papers 165.

[199] Kasahara, H. , Lapham, B. 2013. "Productivity and the Decision to Import and Export: Theory and Evidence. " *Journal of International Economics* 89(2): 297 – 316.

[200] Kasahara, H. , Rodrigue, J. 2008. "Does the Use of Imported Intermediates Increase Productivity? Plant-level Evidence. " *Journal of Development Economics* 87(1): 106 – 118.

[201] Khandelwal, A. K. , Schott, P. K. , Wei, S. J. 2013. "Trade Liberalization and Embedded Institutional Reform: Evidence from Chinese Exporters. " *American Economic Review* 103(6): 2169 – 2195.

[202] Khandelwal, A. 2010. "The Long and Short(of) Quality Ladders. " *Review of Economics Studies* 77(4): 1450 – 1476.

[203] Kleibergen, F. , Paap, R. 2006. "Generalized Reduced Rank Tests Using the Singular Value Decomposition. " *Journal of Econometrics* 133(1): 97 – 126.

[204] Klenow, P. J. , Rodriguez-Clare, A. 1997. "Quantifying Variety Gains from Trade Liberalization. " Mimeo.

[205] Koenker, R. , Bassett, G. 1978. "Regression Quantiles. " *Econometrica* 46(1): 33 – 50.

[206] Koenker, R. 2005. "An Introduction to Quantile Regression. " Working Paper, Institute Of Sociology, Academia Sinica.

[207] Krugman, P. R. 1979. "Increasing Returns, Monopolistic Competition, and International Trade. " *Journal of International Economics* 9(4): 469 – 479.

[208] Krugman, P. R. 1980. "Scale Economies, Product Differentiation, and the Pattern of Trade. " *American Economic Review* 70(5): 950 – 959.

[209] Kugler, M. , Verhoogen, E. A. 2012. "Prices, Plants Size, and Product Quality. " *Review of Economics Studies* 79(6): 307 – 339.

[210] Kugler, M. , Verhoogen, E. A. 2009. "The Quality-Complementarity Hypothesis: Theory and Evidence from Colombia. " Social Science

Electronic Publishing.

[211] Lall, S. , Pietrobelli, C. 2005. "National Technology Systems in Sub-Saharan Africa. "*International Journal of Technology and Globalisation* 1(34) :311.

[212] Lall, S. 2000. "The Technological Structure and Performance of Developing Country Manufactured Exports: 1985 – 1998. "QEH Working Paper Series, No. 44.

[213] Lee, E. , Yi, K. M. 2018. "Global Value Chains and Inequality with Endogenous Labor Supply. "NBER Working Papers.

[214] Levinsohn, J. , Petrin, A. 2003. "Estimating Production Functions Using Inputs to Control for Unobservables. "*Review of Economic Studies* 70(2) :317 – 341.

[215] Liu, Q. , Qiu, L. D. 2016. "Intermediate Input Imports and Innovations: Evidence from Chinese Firms' Patent Filings. "*Journal of International Economics* 103: 166 – 183.

[216] Lu, J. Y. , Lu, Y. , Tao, Z. G. 2011. "Intermediaries, Firm Heterogeneity, and Exporting Behavior. "Working Paper.

[217] Lu, Y. , Tao, Z. , Yu, L. 2014. "The Markup Efffect of Agglomeration. " National University of Singapore Working Paper.

[218] Lu, Y. , Yu, L. 2015. "Trade Liberalization and Markup Dispersion: Evidence from China's WTO Accession. "*American Economic Journal Applied Economics* 7(4) :221 – 253.

[219] Manova, K. , Zhang, Z. 2012. "Export Prices Across Firms and Destinations. " *Quarterly Journal of Economics* 127(1) :379 – 436.

[220] Manova, K. 2008. "Credit Constraints, Heterogeneous Firms, and International Trade. "NBER Working Paper.

[221] Manova, K. 2013. "Credit Constraints, Heterogeneous Firms, and International Trade. "*Review of Economic Studies* 80(2) :711 – 744.

[222] Markusen, J. R. , Maskus, K. E. 2002. "A Unified Approach to Intra-

Industry Trade and Foreign Direct Investment. "Frontiers of Research in Intra-Industry Trade. Palgrave Macmillan UK.

[223] Melitz, M. J., Ottaviano, G. I. P. 2008. "Market Size, Trade, and Productivity. " *Review of Economic Studies* 75(3): 985 – 985.

[224] Melitz, M. J., Redding, S. J. 2015. "New Trade Models, New Welfare Implications. " *American Economic Review* 105(3): 1105 – 1146.

[225] Melitz, M. J. 2003. "The Impact of Trade on Intra-industry Reallocations and Aggregate Industry Productivity. " *Econometrica* 71 (6): 1695 – 1725.

[226] Mendoza, C. 2010. "Finite-fault Analysis of the 1979 March 14 Petatlan, Mexico, Earthquake Using Teleseismic P Waveforms. " *Geophysical Journal of the Royal Astronomical Society* 121(3): 675 – 683.

[227] Muendler, M. A. 2004. "Trade, Technology and Productivity: A Study of Brazilian Manufacturers 1986 – 1998. " Social Science Electronic Publishing.

[228] Muûls, M., Pisu, M. 2009. "Imports and Exports at the Level of the Firm: Evidence from Belgium. " *World Economy* 32(5): 692 – 734.

[229] Murakozy, B., Hornok, C. 2015. "Markup and Productivity of Exporters and Importers. " Iehas Discussion Papers.

[230] Namini, J. E., López, R. A. 2007. "Random versus Conscious Selection into Export Markets—Theory and Empirical Evidence. " Working Paper.

[231] Nevo, A. 2001. "Measuring Market Power in the Ready-to-eat Cereal Industry. " *Econometrica* 69(2): 307 – 342.

[232] Nocke, N., Yeaple, S. 2007. "Cross-border Mergers and and Acquisiitions versus Greenfield Foreign Direct Investment : The Role of Firm Heterogeneous. " *Journal of International Economics* 72(2): 336 – 365.

[233] Okubo, T. 2010. "Firm Heterogeneity and Location Choice. " Working Paper.

[234] Olley, S. , Pakes, A. 1996. "The Dynamics of Productivity in the Tele-communications Equipment Industry. "*Econometrica* 64 (6) : 1263 – 1297.

[235] Pollard, P. M. 2011. "Development in Number Microprobe Analysis: the Measurement of the Spatial Distribution of Stable Isotope Tracers. "Proceedings of the 13th MEDMARAVIS Pan-Mediterranean Symposium, Alghero (Sardinia).

[236] Rauch, J. E. 1999. "Networks versus Markets in International Trade. "*Journal of International Economics* 48(1) : 7 – 35.

[237] Redding, S. J. , Weinstein, D. E. 2018. "Accounting for Trade Patterns. " NBER Working Paper.

[238] Romer, P. 1990. "Endogenous Technological Change. "*Journal of Political Economy* 98(5) : 71 – 102.

[239] Sanyal, K. K. , Jones, R. W. 1982. "The Theory of Trade in Middle Products. "*American Economic Review* 72(1) : 16 – 31.

[240] Schor, A. 2004. "Heterogeneous Productivity Response to Tariff Reduction. Evidence from Brazilian Manufacturing Firms. "*Journal of Development Economics* 75(2) : 373 – 396.

[241] Schott, P. 2004. "Across-product versus Within-Product Specialization in International Trade. "*Quarterly Journal of Economics* 119(4) : 647 – 678.

[242] Shepherd, B. , Stone, S. 2012. "Imported Intermediates, Innovation, and Product Scope: Firm-level Evidence from Developing Countries. " MPRA Paper.

[243] Siotis, G. 2003. "Competitive Pressure and Economic Integration: An Illustration for Spain, 1983 – 1996. "*International Journal of Industrial Organization* 21(10) : 1435 – 1459.

[244] Staiger, D. , Stock, J. H. 1997. "Instrumental Variables Regression with Weak Instruments. " *Econometrica* 65(3) : 557 – 586.

［245］ Tang, H. , Zhang, Y. 2012. "Exchange Rates and the Margins of Trade: Evidence from Chinese Exporters. "*CESifo Economic Studies* 58 (4): 671 – 702.

［246］ Teshima, K. 2010. "Import Competition and Innovation at the Plant Level: Evidence from Mexico. "Document Reprographié.

［247］ Topalova, P. , Khandelwal, A. 2014. "Trade Liberalization and Firm Productivity: The Case of India. "*Global Economy Journal* 93(3): 955 – 1009.

［248］ Upward, R. , Wang, Z. , Zheng, J. 2013. "Weighing China's Export Basket: The Domestic Content and Technology Intensity of Chinese Exports. "*Journal of Comparative Economics* 41(2): 527 – 543.

［249］ Verhoogen, E. A. 2008. "Trade, Quality Upgrading and Wage Inequality in the Mexican Manufacturing Sector. " *Quarterly Journal of Economics* 123(2): 489 – 530.

［250］ Yeaple, S. R. 2005. "A Simple Model of Firm Heterogeneity, International Trade, and Wages. "*Journal of International Economics* 65(1): 1 – 20.

［251］ Yeaple, S. R. 2009. "Firm Heterogeneity and the Structure of U. S. Multinational Activity: An Empirical Analysis. "*Journal of International Economics* 78(2): 206 – 215.

［252］ Yi, K. M. 2003. "Can Vertical Specialization Explain the Growth of World Trade?"*Journal of Political Economy* 111(1): 52 – 102.

［253］ Yu, M. J. , Li, J. 2014. "Imported Intermediate Inputs, Firm Productivity and Product Complexity. "*Japanese Economic Review* 65(2): 178 – 192.

［254］ Yu, M. J. 2015. "Processing Trade, Tariff Reductions and Firm Productivity: Evidence from Chinese Firms. " *The Economic Journal* 125 (585): 911 – 1189.

附　录

附表 1　中国制造业 2 分位行业编码对应表（GB/T 4754—2002）

行业编码	行业名称
13	农副食品加工业
14	食品制造业
15	饮料制造业
16	烟草制品业
17	纺织业
18	纺织服装、鞋、帽制造业
19	皮革、毛皮、羽毛（绒）及其制品业
20	木材加工及木、竹、藤、棕、草制品业
21	家具制造业
22	造纸及纸制品业
23	印刷业和记录媒介的复制
24	文教体育用品制造业
25	石油加工、炼焦及核燃料加工业
26	化学原料及化学制品制造业
27	医药制造业
28	化学纤维制造业
29	橡胶制品业
30	塑料制品业
31	非金属矿物制品业
32	黑色金属冶炼及压延加工业
33	有色金属冶炼及压延加工业
34	金属制品业
35	通用设备制造业

行业编码	行业名称
36	专用设备制造业
37	交通运输设备制造业
39	电气机械及器材制造业
40	通信设备、计算机及其他电子设备制造业
41	仪器仪表及文化、办公用机械制造业
42	工艺品及其他制造业

附表2 1999～2007年中国制造业整体全要素生产率（3%双边截尾）

方法	1999年	2000年	2001年	2002年	2003年	2004年	2005年	2006年	2007年	均值	增长率（%）
OP方法	3.92	3.92	3.94	3.95	3.97	3.98	3.98	3.98	3.99	3.96	1.79
LP方法	6.27	6.34	6.38	6.46	6.54	6.49	6.62	6.52	6.66	6.48	6.22

资料来源：根据1998～2007年中国工业企业数据库计算整理得到。

附表3 1999～2007年中国制造业2分位行业的全要素生产率
（OP方法，3%双边截尾）

行业编码	1999年	2000年	2001年	2002年	2003年	2004年	2005年	2006年	2007年	均值
13	3.682	3.676	3.721	3.709	3.737	3.739	3.751	3.756	3.766	3.726
14	3.300	3.336	3.357	3.410	3.385	3.451	3.446	3.459	3.466	3.401
15	3.672	3.698	3.741	3.726	3.754	3.763	3.761	3.741	3.741	3.733
16	4.991	5.075	5.200	5.102	5.218	5.208	5.073	5.031	5.048	5.105
17	4.266	4.276	4.281	4.269	4.279	4.272	4.254	4.252	4.244	4.266
18	3.981	3.998	3.984	4.003	3.984	3.979	3.962	3.975	3.977	3.983
19	3.715	3.694	3.698	3.714	3.716	3.690	3.690	3.680	3.679	3.697
20	3.651	3.674	3.682	3.660	3.700	3.662	3.662	3.652	3.654	3.666
21	3.560	3.565	3.547	3.613	3.595	3.584	3.564	3.592	3.586	3.578
22	3.497	3.462	3.505	3.498	3.515	3.502	3.501	3.510	3.506	3.500
23	3.072	3.119	3.121	3.186	3.214	3.250	3.298	3.296	3.310	3.207
24	4.391	4.390	4.388	4.387	4.383	4.380	4.384	4.376	4.359	4.382
25	3.787	3.731	3.757	3.725	3.742	3.796	3.825	3.839	3.820	3.780
26	4.265	4.265	4.239	4.268	4.256	4.263	4.262	4.273	4.282	4.264

行业编码	1999 年	2000 年	2001 年	2002 年	2003 年	2004 年	2005 年	2006 年	2007 年	均值
27	3.608	3.603	3.638	3.676	3.725	3.739	3.738	3.724	3.729	3.687
28	3.188	3.211	3.252	3.255	3.219	3.208	3.209	3.182	3.150	3.208
29	3.907	3.911	3.908	3.923	3.896	3.944	3.916	3.945	3.929	3.920
30	4.146	4.167	4.155	4.155	4.168	4.196	4.146	4.133	4.140	4.156
31	4.031	4.038	4.052	4.049	4.066	4.083	4.070	4.072	4.092	4.061
32	3.757	3.758	3.777	3.796	3.797	3.788	3.793	3.804	3.801	3.786
33	3.665	3.630	3.661	3.636	3.624	3.631	3.637	3.627	3.656	3.641
34	4.031	4.010	3.996	4.025	4.035	4.017	4.009	4.014	4.025	4.018
35	3.837	3.837	3.863	3.862	3.871	3.883	3.871	3.884	3.898	3.867
36	3.881	3.866	3.917	3.948	3.976	4.009	4.023	4.022	4.040	3.965
37	3.609	3.606	3.616	3.621	3.646	3.682	3.655	3.660	3.683	3.642
39	4.131	4.127	4.121	4.138	4.151	4.138	4.126	4.118	4.128	4.131
40	4.640	4.633	4.674	4.664	4.678	4.707	4.680	4.691	4.708	4.675
41	4.350	4.361	4.330	4.340	4.376	4.375	4.411	4.408	4.445	4.377
42	4.125	4.108	4.113	4.148	4.141	4.150	4.127	4.116	4.115	4.127

注：行业编码为《国民经济行业分类》（ GB/T 4754—2002）的 2 位码。

资料来源：根据 1998～2007 年中国工业企业数据库计算整理得到。

附表 4 1998～2007 年中国制造业 2 分位行业的全要素生产率（LP 方法，3% 双边截尾）

行业编码	1998 年	1999 年	2000 年	2001 年	2002 年	2003 年	2004 年	2005 年	2006 年	2007 年	均值
13	6.033	6.106	6.229	6.313	6.397	6.514	6.495	6.696	6.753	6.926	6.446
14	5.859	5.961	6.137	6.229	6.327	6.488	6.537	6.699	6.781	6.938	6.396
15	6.324	6.394	6.535	6.597	6.614	6.711	6.780	6.910	6.953	7.149	6.697
16	7.717	7.679	7.617	7.852	7.940	8.160	8.269	8.182	8.102	8.162	7.968
17	6.228	6.320	6.376	6.352	6.436	6.471	6.358	6.540	6.561	6.678	6.432
18	6.040	6.081	6.124	6.116	6.140	6.215	6.211	6.352	6.390	6.493	6.216
19	6.253	6.287	6.352	6.375	6.428	6.473	6.424	6.532	6.616	6.763	6.450
20	5.682	5.781	5.785	5.874	5.910	5.990	5.969	6.153	6.210	6.370	5.972
21	6.198	6.262	6.300	6.327	6.402	6.443	6.453	6.583	6.627	6.790	6.439
22	6.217	6.259	6.309	6.335	6.423	6.506	6.454	6.574	6.644	6.791	6.451
23	5.745	5.833	5.942	6.043	6.162	6.326	6.408	6.557	6.611	6.834	6.246

行业编码	1998 年	1999 年	2000 年	2001 年	2002 年	2003 年	2004 年	2005 年	2006 年	2007 年	均值
24	6.248	6.283	6.259	6.268	6.264	6.265	6.260	6.271	5.959	6.284	6.236
25	5.422	5.373	5.181	5.253	5.298	5.404	5.413	5.399	5.328	5.551	5.362
26	6.236	6.298	6.348	6.411	6.504	6.568	6.516	6.634	6.700	6.872	6.509
27	6.445	6.521	6.595	6.690	6.758	6.832	6.789	6.836	6.869	7.033	6.737
28	6.143	6.205	6.315	6.252	6.338	6.377	6.220	6.374	6.458	6.536	6.322
29	6.366	6.400	6.428	6.470	6.538	6.584	6.488	6.585	6.649	6.795	6.530
30	6.014	6.063	6.117	6.142	6.219	6.263	6.161	6.246	6.307	6.429	6.196
31	6.555	6.604	6.666	6.700	6.776	6.906	6.944	7.064	7.109	7.292	6.862
32	5.826	5.883	5.957	6.041	6.177	6.323	6.252	6.389	6.426	6.599	6.187
33	5.864	5.990	5.973	6.025	6.173	6.239	6.170	6.283	6.413	6.530	6.166
34	5.994	6.056	6.070	6.106	6.195	6.220	6.054	6.156	6.198	6.301	6.135
35	6.472	6.518	6.602	6.661	6.752	6.871	6.838	6.973	7.034	7.200	6.792
36	6.475	6.515	6.604	6.681	6.802	6.940	6.948	7.095	7.147	7.311	6.852
37	6.211	6.282	6.351	6.438	6.547	6.694	6.716	6.833	6.901	7.089	6.606
39	6.287	6.324	6.394	6.409	6.489	6.555	6.449	6.555	6.604	6.737	6.480
40	6.177	6.207	6.292	6.338	6.423	6.463	6.358	6.423	6.490	6.598	6.377
41	6.469	6.518	6.625	6.670	6.766	6.882	6.891	7.030	7.078	7.207	6.814
42	6.383	6.406	6.470	6.473	6.536	6.631	6.623	6.742	6.771	6.898	6.593

注：行业编码为《国民经济行业分类》（GB/T 4754—2002）的 2 位码。

资料来源：根据 1998～2007 年中国工业企业数据库计算整理得到。

附表 5　1999～2007 年中国制造业整体成本加成（3% 双边截尾）

方法	1999 年	2000 年	2001 年	2002 年	2003 年	2004 年	2005 年	2006 年	2007 年	均值	增长率（%）
DLW 方法	1.16	1.19	1.21	1.24	1.29	1.36	1.42	1.48	1.62	1.33	39.66
会计法	1.25	1.25	1.26	1.27	1.28	1.27	1.29	1.32	1.35	1.28	8.00

资料来源：根据 1998～2007 年中国工业企业数据库计算整理得到。

附表 6　1999～2007 年中国制造业 2 分位行业的成本加成
（DLW 方法，3% 双边截尾）

行业编码	1999 年	2000 年	2001 年	2002 年	2003 年	2004 年	2005 年	2006 年	2007 年	均值
13	1.175	1.219	1.245	1.260	1.303	1.338	1.414	1.479	1.442	1.319
14	1.217	1.283	1.293	1.289	1.336	1.360	1.420	1.474	1.435	1.345

行业编码	1999 年	2000 年	2001 年	2002 年	2003 年	2004 年	2005 年	2006 年	2007 年	均值
15	1.009	1.062	1.064	1.042	1.069	1.102	1.145	1.194	1.153	1.093
16	1.589	1.652	1.614	1.660	1.742	1.938	1.807	1.883	1.918	1.756
17	1.152	1.158	1.164	1.214	1.226	1.240	1.302	1.324	1.361	1.238
18	1.168	1.166	1.171	1.169	1.198	1.273	1.342	1.372	1.412	1.252
19	1.148	1.155	1.160	1.159	1.177	1.229	1.249	1.296	1.327	1.211
20	1.423	1.541	1.494	1.499	1.722	1.989	2.431	2.825	2.883	1.979
21	1.223	1.229	1.234	1.310	1.404	1.571	1.805	1.904	1.965	1.516
22	1.296	1.313	1.324	1.371	1.450	1.572	1.701	1.796	1.866	1.521
23	1.309	1.312	1.325	1.368	1.443	1.624	1.778	1.886	1.980	1.558
24	1.519	1.498	1.508	1.495	1.500	1.582	1.734	1.796	1.969	1.622
25	0.965	0.823	0.827	0.812	0.841	0.748	0.758	1.260	0.761	0.866
26	1.156	1.163	1.203	1.239	1.267	1.288	1.308	1.353	1.385	1.262
27	1.252	1.267	1.303	1.346	1.390	1.416	1.455	1.522	1.557	1.390
28	1.183	1.190	1.203	1.241	1.246	1.229	1.242	1.291	1.311	1.237
29	1.163	1.170	1.199	1.248	1.296	1.308	1.326	1.392	1.424	1.281
30	1.182	1.196	1.233	1.263	1.347	1.484	1.544	1.624	1.688	1.396
31	1.237	1.237	1.243	1.281	1.376	1.553	1.707	1.844	1.994	1.497
32	1.167	1.172	1.200	1.215	1.213	1.171	1.157	1.160	1.154	1.179
33	1.089	1.078	1.092	1.115	1.101	1.063	1.042	1.057	1.054	1.077
34	1.088	1.088	1.118	1.144	1.120	1.058	1.042	1.046	1.043	1.083
35	1.082	1.095	1.141	1.193	1.297	1.423	1.498	1.539	1.615	1.320
36	1.226	1.235	1.303	1.351	1.460	1.656	1.762	1.864	1.970	1.536
37	1.152	1.154	1.206	1.236	1.275	1.325	1.340	1.364	1.405	1.273
39	1.035	1.052	1.073	1.080	1.069	1.047	1.021	1.028	1.035	1.049
40	1.096	1.092	1.105	1.107	1.155	1.196	1.204	1.233	1.260	1.161
41	1.196	1.206	1.272	1.331	1.465	1.595	1.692	1.746	1.828	1.481
42	1.306	1.279	1.330	1.386	1.448	1.527	1.613	1.670	1.750	1.479

注：行业编码为《国民经济行业分类》（GB/T 4754—2002）的 2 位码分类。

资料来源：根据 1998～2007 年中国工业企业数据库计算整理得到。

附表 7　1998～2007 年中国制造业 2 分位行业的成本加成（会计法，3％双边截尾）

行业编码	1998 年	1999 年	2000 年	2001 年	2002 年	2003 年	2004 年	2005 年	2006 年	2007 年	均值
13	1.229	1.246	1.270	1.286	1.287	1.300	1.289	1.322	1.334	1.328	1.289
14	1.223	1.248	1.275	1.279	1.282	1.296	1.287	1.310	1.321	1.307	1.283
15	1.303	1.323	1.353	1.357	1.360	1.374	1.369	1.390	1.402	1.396	1.363
16	1.694	1.663	1.676	1.676	1.721	1.791	1.913	1.803	1.850	1.898	1.769
17	1.192	1.213	1.212	1.213	1.229	1.233	1.214	1.237	1.238	1.247	1.223
18	1.184	1.197	1.202	1.205	1.197	1.201	1.200	1.215	1.220	1.229	1.205
19	1.195	1.203	1.207	1.202	1.202	1.207	1.199	1.202	1.212	1.218	1.205
20	1.257	1.288	1.342	1.338	1.326	1.379	1.408	1.503	1.580	1.593	1.401
21	1.235	1.240	1.246	1.253	1.266	1.268	1.270	1.310	1.326	1.323	1.274
22	1.256	1.271	1.269	1.265	1.282	1.292	1.289	1.323	1.337	1.350	1.293
23	1.254	1.273	1.276	1.291	1.301	1.318	1.342	1.375	1.392	1.408	1.323
24	1.261	1.265	1.257	1.267	1.270	1.277	1.277	1.284	1.413	1.464	1.304
25	1.244	1.223	1.156	1.150	1.161	1.159	1.148	1.127	1.109	1.124	1.160
26	1.244	1.259	1.255	1.275	1.288	1.298	1.283	1.294	1.304	1.317	1.282
27	1.319	1.357	1.363	1.384	1.387	1.407	1.412	1.411	1.420	1.431	1.389
28	1.209	1.224	1.218	1.219	1.231	1.235	1.228	1.225	1.234	1.246	1.227
29	1.234	1.250	1.245	1.257	1.269	1.277	1.256	1.266	1.275	1.285	1.261
30	1.232	1.238	1.234	1.250	1.263	1.271	1.263	1.282	1.296	1.305	1.263
31	1.257	1.272	1.276	1.280	1.290	1.319	1.345	1.375	1.400	1.432	1.325
32	1.231	1.241	1.235	1.247	1.254	1.262	1.231	1.232	1.237	1.230	1.240
33	1.219	1.237	1.232	1.232	1.252	1.245	1.216	1.220	1.227	1.218	1.230
34	1.214	1.227	1.219	1.226	1.234	1.222	1.184	1.184	1.184	1.172	1.207
35	1.243	1.250	1.261	1.271	1.283	1.304	1.318	1.343	1.353	1.369	1.300
36	1.229	1.240	1.252	1.271	1.289	1.318	1.348	1.382	1.395	1.423	1.315
37	1.227	1.237	1.243	1.260	1.269	1.282	1.275	1.283	1.287	1.296	1.266
39	1.220	1.231	1.225	1.229	1.233	1.222	1.192	1.193	1.188	1.187	1.212
40	1.208	1.222	1.221	1.233	1.248	1.240	1.218	1.225	1.224	1.220	1.226
41	1.225	1.232	1.256	1.286	1.305	1.329	1.350	1.366	1.377	1.393	1.312
42	1.230	1.252	1.258	1.270	1.287	1.287	1.273	1.294	1.306	1.323	1.278

注：行业编码为《国民经济行业分类》（GB/T 4754—2002）的 2 位码分类。

资料来源：根据 1998～2007 年中国工业企业数据库计算整理得到。

附表 8　SITC Rev. 4 10 个大类介绍

SITC 编码	具体明目
0	粮食及活动物
1	饮料及烟叶
2	除燃料外的非食用未加工材料
3	矿物燃料、润滑油及有关物质
4	动物及植物油、脂肪及蜡
5	未列明的化学及有关产品
6	主要按材料分类的制成品
7	机械和运输设备
8	杂项制成品
9	未列入其他分类的货物及交易品

资料来源：笔者整理。

附表 9　2007 版 HS 编码 22 个大类介绍

海关分类	HS 编码	商品类别
第 1 类	01 ~ 05	活动物，动物产品
第 2 类	06 ~ 14	植物产品
第 3 类	15	动植物油脂
第 4 类	16 ~ 24	食品、饮料、烟草
第 5 类	25 ~ 27	矿产品
第 6 类	28 ~ 38	化工产品
第 7 类	39 ~ 40	塑料、橡胶
第 8 类	41 ~ 43	皮革制品、箱包
第 9 类	44 ~ 46	木材制品
第 10 类	47 ~ 49	纤维素浆；纸张
第 11 类	50 ~ 63	纺织品及原材料
第 12 类	64 ~ 67	鞋靴、伞等轻工产品
第 13 类	68 ~ 70	陶瓷、玻璃
第 14 类	71	贵金属及制品
第 15 类	72 ~ 83	贱金属及制品
第 16 类	84 ~ 85	机电产品

续表

海关分类	HS 编码	商品类别
第 17 类	86 ~ 89	运输设备
第 18 类	90 ~ 92	光学、照相及其零件
第 19 类	93	武器、弹药及其零件
第 20 类	94 ~ 96	杂项制品
第 21 类	97	艺术品、收藏品及古物
第 22 类	98	文物制品及其他特殊商品

资料来源：笔者整理。

附表 10　规模经济的敏感性测试回归结果

变量	（1）con	（2）lib
$input$	0.0073 ***	0.0073 ***
	（0.0001）	（0.0001）
$input \times N$	0.0003 ***	0.0002 ***
	（0.0000）	（0.0000）
tfp	0.173 ***	0.174 ***
	（0.0024）	（0.0024）
exp	− 0.0043 ***	− 0.0043 ***
	（0.0009）	（0.0009）
SOE	0.00362 **	0.00371 **
	（0.00182）	（0.00182）
FOR	− 0.0188 ***	− 0.0187 ***
	（0.0009）	（0.0009）
年份固定效应	是	是
行业固定效应	是	是
地区固定效应	是	是
常数项	− 0.105 ***	− 0.105 ***
	（0.0043）	（0.0043）
观测值	63851	63851
Adj. R^2	0.694	0.694

注：*** 、 ** 分别表示在 1% 、5% 的水平下显著；括号中为标准误。

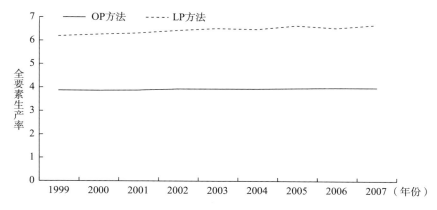

附图 1　1999～2007 年中国制造业整体生产率变化趋势

资料来源：根据 1998～2007 年中国工业企业数据库计算整理得到。

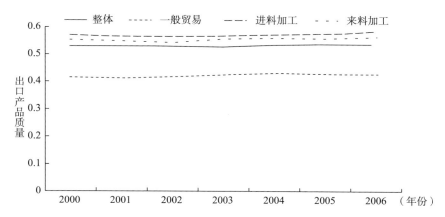

附图 2　2000～2006 年中国制造业出口产品质量的变化趋势

资料来源：根据 2000～2006 年海关贸易数据的计算整理得到。

图书在版编目（CIP）数据

中间品进口与企业异质性研究：基于中国制造业企业的研究 / 林正静著. -- 北京：社会科学文献出版社，2022.7

ISBN 978 - 7 - 5228 - 0191 - 9

Ⅰ.①中… Ⅱ.①林… Ⅲ.①企业经济 - 研究 - 中国 Ⅳ.①F279.2

中国版本图书馆 CIP 数据核字（2022）第 101117 号

中间品进口与企业异质性研究
——基于中国制造业企业的研究

著　　者 / 林正静

出 版 人 / 王利民
组稿编辑 / 宋月华
责任编辑 / 韩莹莹
文稿编辑 / 陈丽丽
责任印制 / 王京美

出　　版 / 社会科学文献出版社·人文分社（010）59367215
　　　　　地址：北京市北三环中路甲 29 号院华龙大厦　邮编：100029
　　　　　网址：www. ssap. com. cn
发　　行 / 社会科学文献出版社（010）59367028
印　　装 / 三河市龙林印务有限公司

规　　格 / 开本：787mm×1092mm　1/16
　　　　　印张：11.75　字数：173 千字
版　　次 / 2022 年 7 月第 1 版　2022 年 7 月第 1 次印刷
书　　号 / ISBN 978 - 7 - 5228 - 0191 - 9
定　　价 / 138.00 元

读者服务电话：4008918866